Kochen und heilen mit Ingwer

W0247670

ECON Ratgeber

In der Reihe »Kochen und heilen mit ...« ist bereits folgender Titel erschienen:
Kochen und heilen mit Honig (TB 20540)

Zum Buch:

Seit Jahrtausenden nimmt Ingwer einen Ehrenplatz in der traditionellen asiatischen Naturheilkunde ein, und mittlerweile werden die medizinischen Qualitäten dieser Pflanze auch von der modernen Ökotrophologie anerkannt. In diesem Ratgeber zeigt der Ernährungsfachmann Dr. Stephen Fulder, daß der schmackhafte Ingwer nicht nur in die Küche gehört, sondern auch als zuverlässige Medizin die verschiedensten Erkrankungen wie Magen- und Verdauungsprobleme, Grippe und Erkältungskrankheiten, Kreislaufprobleme und rheumatische Beschwerden lindert.

Der Autor:

Dr. Stephen Fulder ist Naturwissenschaftler und ein führender Kräuterexperte.

Dr. Stephen Fulder

Kochen und heilen mit
Ingwer

**Die Kraft der
asiatischen Wurzel**

*Aus dem Englischen
von Joanna Schroeder*

ECON Taschenbuch Verlag

Deutsche Erstausgabe

© 1995 by ECON Taschenbuch Verlag GmbH, Düsseldorf
© 1993 by Stephen John Fulder
First published by Souvenir Press Ltd., London
Titel des englischen Originals: GINGER
Aus dem Englischen übersetzt von Joanna Schroeder
Umschlaggestaltung: Molesch/Niedertubbesing, Bielefeld
Titelabbildung: Mauritius Bildagentur
Lektorat: Susanne Ruhrort
Gesetzt aus der Syntax und Stone Serif
Satz: HEVO GmbH, Dortmund
Druck und Bindearbeiten: Ebner Ulm
Printed in Germany
ISBN 3-612-20534-X

Als sie vom Himmel fielen, sagten die Pflanzen:
»In welche lebendige Seele wir auch immer Eingang finden
mögen, es wird ihrem Besitzer kein Leid widerfahren.«

Aus dem »Rigweda«

Inhalt

Vorbemerkung des Autors

Dieses Buch soll eine Einführung in die weitgefächerten Möglichkeiten des Ingwers und anderer medizinisch wirksamer Lebensmittel sein. Die Leser sollten meine Anregungen zum Thema Ingwer jedoch nicht als Rezepte zur Heilung bestimmter Krankheiten mißverstehen, sondern sich in diesen Fällen an einen erfahrenen Arzt oder Heilpraktiker wenden. Unter der Ärzteschaft sind es die Naturheilkundler, die mit der Anwendung von Ingwer und anderen Heilkräutern am besten vertraut sind, außerdem natürlich auch jene, die sich eine Zusatzqualifikation in Ayurveda oder traditioneller chinesischer Medizin erworben haben.

1. Ingwer als Medizin

Wie alle anderen Kinder, bleiben auch unsere von den üblichen Kinderkrankheiten nicht verschont: Fieber, Infekte, Halsschmerzen, Erkältungen, Masern, verdorbener Magen, Kopfschmerzen usw. Das ist ein ganz natürliches Geschehen und die Art, wie der Körper lernt, auf Krankheiten zu reagieren und sie zu überwinden. Aber wenn unsere Kinder krank werden, halten wir uns nicht an das vorprogrammierte Schema, dem die meisten Eltern heutzutage folgen: Sie machen sich Sorgen, rufen den Arzt an, gehen zu ihm in die Sprechstunde oder lassen ihn ins Haus kommen, damit er seine Diagnose stellt und ein Rezept ausschreibt. Damit ausgestattet holen sie in der Apotheke die Medizin, die dem Kind nach Vorschrift eingegeben wird, in der Hoffnung, daß die Symptome über Nacht verschwinden.

Wir gehen statt dessen in unseren Garten und pflücken Kräuter oder nehmen getrocknete Kräuter oder Gewürze aus dem Küchenregal und bereiten einen Tee zu oder einen Kräuterauszug, von dem wir dem Kind hin und wieder etwas einflößen. Handelt es sich um einen Infekt, versuchen wir es vielleicht ein paar Tage lang mit einer reinen Obstdiät. Außerdem greifen wir gerne auf ein paar erprobte Hausmittel zurück, um die Symptome zu lindern, zum Beispiel Wadenwickel gegen Fieber oder eine Brustmassage mit warmem Olivenöl, um den nächtlichen Husten zu lindern. Wir benutzen Heilmittel, die sich schon Tausende von Jahren als zuverlässig und sicher bewährt haben.

Weil ich kein praktischer Arzt bin, suchen wir allerdings immer dann Rat bei einem ortsansässigen ganzheitlich orientierten Arzt, wenn ein Gesundheitsproblem einen ungewöhnlichen Verlauf zu nehmen scheint oder besonders ernst aussieht. Was uns dabei vor allem interessiert ist, ob es sich um eine Krankheit handelt, mit der der Körper normalerweise allein fertig wird. Außerdem fragen wir genau nach, ob ein verschriebenes Medikament wirklich die Ursachen der Krankheit oder bloß die Symptome behandelt. Meistens stellen wir nach dem Arztbesuch fest, daß uns die Informationen und Beruhigungen nützlicher waren als die Medikamente. Zum Glück brauchten wir in den letzten siebzehn Jahren, seitdem wir uns nämlich mit Naturheilmitteln vertraut gemacht haben, kaum jemals pharmazeutische Mittel einzusetzen. Darüber hinaus haben wir beobachtet, daß Infektionskrankheiten, zum Beispiel Masern, bei unseren Kindern meist einen leichten Verlauf nehmen und es auch nicht vorkommt, daß eine Krankheit chronisch wird, wie es bei Erbrechen mit Durchfall, Blasenentzündung, Bronchitis oder Mittelohrentzündung so häufig der Fall ist.

Man mag einwenden, unsere Kinder seien von Natur aus mit einer unverwüstlichen Gesundheit gesegnet. Doch das ist eher unwahrscheinlich; immerhin werden sie doch manchmal krank. Vielmehr bin ich davon überzeugt, daß die meisten Kinder stark und gesund sein und gute Abwehrkräfte haben können, wenn drei entscheidende Faktoren gegeben sind:

1. Natürliche Versorgung, d. h. daß die Kinder gestillt werden und anschließend nahrhafte, vollwertige, unverseuchte Kost zu essen bekommen; sauberes Wasser und saubere Umwelt; Bewegung; ein Minimum an »Junk-Food« (Limonaden, Fertigmahlzeiten, Süßigkeiten).

2. Die emotionale Sicherheit einer stabilen Umgebung.

3. Zuverlässige Heilmittel, die unsere natürlichen Heilkräfte unterstützen, wenn wir krank sind. Ingwer ist ein solches Heilmittel und der Hauptgegenstand dieses Buches.

An diesem Punkt werden Sie vielleicht denken: »Es mag schön und gut sein, wenn sich Fachleute mit solchen Heilmitteln selbst behandeln, aber können sich auch ganz normale Leute wie wir darauf verlassen?«

Natürlich können wir das; tatsächlich war die Menschheit immer darauf angewiesen, Krankheiten mit den Pflanzen und Heilmitteln ihrer jeweiligen Umgebung zu kurieren. Diese Informationen wurden von Generation zu Generation als kulturelles Wissen weitergegeben, genauso wie wir heute selbstverständlich wissen, wie eine Zeitung gelesen oder ein Fernseher eingeschaltet werden kann. Ganz gewöhnliche Menschen lernten auf die gleiche Art, was mit Weißdorn und Herzgespann anzufangen war, wie wir heute lernen, mit einem Apple Macintosh oder einem IBM PC umzugehen.

Inzwischen ist ein Großteil des Wissens über die Heilkräfte von Pflanzen verlorengegangen, und wir sind unsicher, wenn es darum geht, Krankheiten mit Kräutern zu begegnen. Trotzdem können wir uns diese **Das Wissen über die Wirkung von Pflanzen müssen wir neu erschließen** Kenntnisse nach und nach wieder aneignen und sie zunehmend auch anwenden. Der Grad des Erfolgs hängt dabei vom Stand unseres Wissens ab. Je mehr wir wissen, desto eher werden wir uns trauen, einfache Gesundheitsstörungen mit den uns zur Verfügung stehenden Mitteln zu behandeln. Wenn ich ein ganzes Buch einer einzigen Pflanze widme, so geschieht das, um ein verschüttetes Wissen wieder zutage zu fördern und uns allen ein zuverlässiges Mittel der Selbstbehandlung an die Hand zu geben.

Es ist wichtig, darüber nachzudenken, in welchem Maße wir verfügbare Hausmittel wie Ingwer einsetzen können, bevor wir einen Arzt aufsuchen.

Erstens sollten wir uns klarmachen, daß wir mit den meisten geringfügigeren Symptomen ohnehin gar nicht erst zum Arzt gehen. Wie Untersuchungen bestätigt haben, werden Dreiviertel aller Gesundheitsstörungen wie etwa Kopf und Bauchschmerzen zu Hause behandelt und verschwinden auch ohne ärztliches Zutun wieder. Wenn wir uns also mit einigen bewährten Kräutern und dem Wissen über ihre Anwendung rüsten, sind wir schon gegen einen Großteil möglicher Probleme gewappnet.

Zweitens sollten wir selbstverständlich dann einen Arzt konsultieren, wenn die Krankheit lange anhält, dramatische, ausgeprägte oder ungewöhnlich schwächende Symptome auftreten, oder wenn sie einen rasanten Verlauf nimmt, außer Kontrolle gerät und unerklärliche Entwicklungen auftreten. Eine Selbstbehandlung ist nur bei harmlosen, leichten, vielleicht familientypischen Gesundheitsproblemen angezeigt, wie wir sie in diesem Buch behandeln, die aller Wahrscheinlichkeit nach auch von selbst verschwinden würden.

Drittens gilt, daß bei vielen dieser unbedeutenderen Beschwerden oder Symptome auch ein Arzt nichts machen kann, wir können also nichts verlieren, wenn wir es selbst mit pflanzlichen Heilmitteln versuchen. Zum Beispiel ist Grippe eine Viruserkrankung, für die es in der modernen Medizin kein Heilmittel gibt, sondern lediglich Mittel der Linderung wie Paracetamol, so daß wir die gleiche Wirkung auch mit natürlichen Heilmitteln erreichen können.

Viertens gibt es keinen notwendigen Widerspruch zwischen professioneller Hilfe und einer guten Selbstbehandlung. Wir können ohne weiteres beides nutzen. Gute Ärzte werden uns sogar dazu anhalten, den Heilungsprozeß aktiv zu unterstützen, damit wir weniger abhängig von pharmazeutischen Mitteln sind und schneller gesund werden.

Lebensmittel oder Heilmittel?

Es mag uns merkwürdig vorkommen, in die eigene Küche statt in die nächste Apotheke zu gehen, um ein Heilmittel zu finden. Die meisten Leute gehen nämlich davon aus, daß Lebensmittel nicht gleichzeitig Heilmittel sein können, oder falls sie überhaupt eine Wirkung entfalten, diese so schwach ist, daß sie keine Krankheit heilen könnte. Tatsächlich eignen sich bestimmte Lebensmittel aber gerade deshalb wunderbar als Heilmittel, weil sie so gefahrlos und so frei von Nebenwirkungen sind. Mit Sicherheit reicht ihre Wirkung weiter, als uns mit Kohlehydraten, Fetten, Proteinen und Vitaminen zu versorgen. Wir brauchen uns nur einen Teelöffel voll Chilipulver vorzustellen, um zu erkennen, wie gewaltig die Wirkung von Pflanzen sein kann.

Nehmen wir zum Beispiel Rettich oder Tomaten, dann interessieren uns in der Regel nur die Nährwerte, die sie enthalten. Aber jede Pflanze steckt voller interessanter Stoffe, die nur darauf warten, erkannt und genutzt zu werden. Geschmacks- und Geruchsstoffe, Farben, chemische Verbindungen, die die Pflanze produziert, um sich vor Insekten zu schützen und die ihr dazu dienen, ihr Wachstum zu kontrollieren, können für uns eine medizinische, nährwertunabhängige Wirkung haben. Gerade diese Wirkstoffe können uns vor Krankheiten schützen. Ein Beispiel ist die Vorbeugung gegen Krebs. Es gilt mittlerweile unter Krebs-Experten als anerkannte Tatsache, daß grüne, gelbe und orange Gemüse und Obstsorten dazu beitragen können, uns vor Krebs zu schützen. Anscheinend sind die Mineralien, Ballaststoffe und fettgebundenen Stoffe wie Beta-Karotin dafür verantwortlich. Das nationale Krebsforschungszentrum der Vereinigten Staaten hat zwanzig Millionen Dollar in ein Forschungsprogramm investiert, um herauszufinden, welche schützenden Stoffe den gewöhnlichen Nahrungsmitteln zugesetzt werden können, damit sie eine krebsverhütende Wirkung bekommen. Man hofft, derartige Stoffe in Pflanzen wie Knoblauch, Leinsamen, Citrusfrüchten, Rosmarin und Süßholz zu finden, die alle sowohl als Lebensmittel wie als Arzneimittel Verwendung finden.

Ein Grund dafür, daß wir annehmen, Lebensmittel hätten keinen medizinischen Nutzen, liegt in der Beschränktheit unserer modernen Weltsicht. Wir lernen schon als Kinder, daß Krankheiten mit Medikamenten behandelt werden müssen, die eine starke Sofortwirkung auf den Körper haben. Wir kennen sie als

Viele Lebensmittel können auch als Arzneimittel genutzt werden

reine Chemikalien, die in Form von Pillen, Tabletten, Tropfen verkauft werden. Dabei gibt es ein jahrtausendealtes Wissen über die Wirkung von Pflanzen, besonders Minze, Kurkuma, Knoblauch, Zwiebel, Zitrone und Ingwer, die als Medikamente hochwirksam sind, vorausgesetzt, wir verstehen sie richtig einzusetzen. Während ich in Indien lebte, war ich immer wieder beeindruckt von der Tatsache, daß die Mütter in vielen Haushalten jeden Tag neue Gewürzmischungen und Speisen zubereiteten, je nach Wetter und Jahreszeit sowie dem jeweiligen Zustand der Familienmitglieder und ihren eventuellen Anfälligkeiten angepaßt. Ein Familienmitglied mit arthritischen Problemen bekäme bittere Nahrung mit scharfen Gewürzen wie Chili, Ingwer und Pfeffer. Dagegen würde das Essen für jemand mit Verdauungsschwierigkeiten aromatische Samen wie Anis, Koriander und Fenchel enthalten, dazu vielleicht eine milde Linsensuppe. In Indien ist das ein allgemein verbreitetes Volkswissen. Die Spezialisten der traditionellen Medizin (wie Ayurveda in Indien und die traditionelle chinesische Medizin in China) haben aus diesem Wissen eine Wissenschaft entwickelt, die ein ganzes Arsenal sowohl vorbeugender als auch heilender Nahrungsmittel zur Verfügung stellt.

Die Kraft der Gewürze

Das Unwissen über die wirkliche Kraft der Gewürze und die tatsächlichen Gründe ihrer Verwendung ist groß. Zum Beispiel wurde uns in der Schule beigebracht, ihr Gebrauch diene nur dem Zweck, die Speisen in heißen Ländern länger haltbar zu machen. Im Mittelalter sei es üblich gewesen, das Fleisch, bevor es zum Trocknen aufgehängt wurde, gründlich mit gestoßenem Kreuzkümmel zu bestreuen, weil die armen Leute damals auf die Vorteile einer Tiefkühltruhe verzichten mußten. Das ist fast so, als würde man einen Konzertbesucher fragen, warum er sich die Beethoven-Sinfonie angehört habe und bekäme zur Antwort: »Weil sie den Verkehrslärm übertönt.«

Die Wahrheit ist, daß Gewürze eine erstaunliche Entdeckung darstellen und ihre Verwendung in der täglichen Nahrung eine ganze Reihe wertvoller Wirkungen mit sich bringt, von denen die Konservierung der Lebensmittel nur eine ist, aber bei weitem nicht die wichtigste oder interessanteste.

Hier einige Hauptgründe für den Gebrauch von Gewürzen:

O Sie enthalten in hochkonzentrierter Form wertvolle Nährstoffe, besonders Vitamine, Mineralien und Spurenelemente. Zum Beispiel hat Knoblauch unter den verbreiteten Nutzpflanzen den höchsten Anteil an Selen, und Tamarinde enthält Vitamin C in einer unübertroffenen Konzentration.

O Sie tragen dazu bei, unsere Nahrung verdaulicher zu machen. In Ingwer zum Beispiel hat man eine hohe Konzentration von Enzymen gefunden, die denen entsprechen, die im Magen der Verdauung von Fleisch dienen. Deshalb wirkt Ingwer als guter Fleischzartmacher.

O Sie unterstützen den gesamten Prozeß der Verdauung und Resorption der für den Körper wichtigen Bestandteile. Indem scharfe Gewürze wie Ingwer und schwarzer Pfeffer die Blutzirkulation im Magen-Darm-Kanal anregen, unterstützen sie die Verdauung der anderen Elemente einer Mahlzeit. Andere Gewürze wie Anis oder Kreuzkümmel beruhigen den Magen und helfen bei der Verdauungstätigkeit. Viele Gewürze tragen zur Ausscheidung bei. Leinsamen sind ein mildes Abführmittel, Knoblauch unterstützt den Abbau von Fetten und Cholesterin.

O Sie können appetitanregend wirken sowie die Produktion von Speichel und allen anderen Verdauungssäfte anregen; als Beispiele seien Bockshornkleesamen und Muskatnuß genannt.

O Sie eignen sich tatsächlich gut zur Konservierung von Lebensmitteln. Von Gelbwurz und Kumin weiß man, daß sie die Nahrung vor schnellem Verderben bewahren.

O Sie wirken als Anti-Oxidantien. Zum Beispiel haben Extrakte aus Rosmarin, Ingwer und Lorbeerblatt eine vergleichbare Wirkung wie die modernen, chemisch hergestellten Anti-Oxidations-Mittel. Sie verhindern Ranzigwerden und Geruchsbildung.

O Sie haben die Fähigkeit, die allgemeinen Folgen einer einseitigen Diät auszugleichen. Zum Beispiel kann die vegetarische Ernährung der indischen Auffassung nach zu »kalt« sein und deshalb die entsprechenden Kälte-Krankheiten (Arthritis, Bronchitis u.ä.) nach sich ziehen. Die Gewürze erwärmen die Nahrung und führen so zu einem gesunden energetischen Gleichgewicht.

O Sie dienen zum Ausgleich einseitig wirkender Nahrung. Zum Beispiel hat der übermäßige Genuß von Bohnen Blähungen zur Folge, wogegen vorbeugend mit Asafoetida gewürzt werden kann; der übermäßige Genuß von Fett bewirkt Probleme wie Übergewicht und hohen Blutdruck, die durch Knoblauch und Zwiebeln ausgeglichen werden können; zu viel Stärke führt zu Müdigkeit und Störungen des Blutzuckerspiegels, die durch Bockshornkleesamen vermieden werden; zu viel Obst kann zu Verschleimung führen, die durch Kardamom gebessert wird.

O Sie entgiften den Körper und tragen dazu bei, die mit der Nahrung aufgenommenen Gifte wieder auszuscheiden. Cayennepfeffer hat zum Beispiel die Wirkung, daß Gifte »ausgeschwitzt« werden, Knoblauch neutralisiert Toxine im Gewebe, und Kurkuma unterstützt den Abbau von Giftstoffen in der Leber.

All diese Nutzeffekte bestehen zusätzlich zu dem spezifischen Gebrauch der Gewürze und Heilkräuter als Medikamente, aber sie dienen natürlich der Vorbeugung von Krankheiten.

Die Renaissance der medizinischen Lebensmittel

Bei einer solchen Liste von Vorteilen müßte es uns selbst dann sinnvoll erscheinen, diese Pflanzen in unseren Speiseplan aufzunehmen, wenn sie ausgesprochen scheußlich schmecken würden. Wie schön, wenn wir statt dessen feststellen können, wie wunderbar sie den Geschmack, den Duft und das Aroma unserer Nahrung verfeinern und dem Nützlichen das Angenehme hinzufügen. Aber womöglich ist das kein Zufall. Vielleicht ist die menschliche Natur so beschaffen, daß sie diese nützlichen Wirkungen als Wohltat für die Sinne empfindet. Oder vielleicht sind auch die Gewürze selbst diesem Ziel angepaßt, oder noch wahrscheinlicher zielt die Beschaffenheit aller beteiligten Elemente auf Interaktion und gegenseitigen Nutzen. Eine Frage, über die man am besten dann grübelt, während man Ingwer kleinschneidet, um den Magen zu kurieren, und sich das reiche, würzige und exotische Aroma im ganzen Raum verbreitet.

Wir tun gut daran, uns zu erinnern, daß diese Pflanzen bis vor nicht allzu langer Zeit ihren legitimen Platz in allen westlichen Pharmakologie-Büchern beanspruchten. Zu Beginn dieses Jahrhunderts waren dort Ingwersirup, Rosmarinöl, Dillwasser, Feigensirup, Thymianöl oder -extrakt, Pfefferminzöl und vieles andere verzeichnet. Sie wurden durch stärkere, chemische Präparate ersetzt, ohne daß sich jemand die Mühe gemacht hätte zu untersuchen, ob die neuen Produkte tatsächlich wirksamer waren als die alten. Der Wechsel war einfach eine Folge einer neuen Auffassung von Wissenschaftlichkeit. Inzwischen haben wir gemerkt, daß wir für die Wirkungen der modernen Medikamente einen unerwartet hohen Preis bezahlen – sowohl was den Geldbeutel als auch was langfristig unsere Gesundheit betrifft.

Aber die Zeiten ändern sich. Das Interesse an medizinisch wirksamer Nahrung hat einen außerordentlichen Aufschwung erlebt. Im Jahr 1992 zum Beispiel wurde Knoblauch in Form von Kapseln oder Tabletten als das meistverkaufte rezeptfreie Medikament gegen

Die medizinische Wirkung von Lebensmitteln wird zunehmend bekannt

Herz- und Gefäßbeschwerden jeden Tag von annähernd fünf Millionen Europäern eingenommen. Im Jahr 1991 war es in Deutschland das beliebteste in Apotheken frei verkäufliche Mittel überhaupt. Gegenwärtig beläuft sich der Gesamtkonsum allein in Großbritannien auf jährlich 300 Millionen Dosen dieses Mittels. Andere Mittel, etwa Pfefferminze, Alfalfa, Karottenöl, Rosmarin, getrocknete Heidelbeeren und Schwarze Johannisbeeren, Thymian und andere Heilpflanzen sind inzwischen in Apotheken, Drogerien, Reformhäusern und Bioläden erhältlich. Auch Ingwer hat zusammen mit anderen Kräutern und Gewürzen Einzug in die Reihe der Heilmittel gehalten, und der Zweck dieses Buches ist es zu erklären, wie wir am besten davon profitieren können.

Zunächst müssen noch einige Fragen beantwortet werden. Wann sind diese Gewürze Nahrungsmittel, wann Medizin? Wie nimmt man sie ein, wenn sie als Medizin verwendet werden sollen, und sind sie stark genug, um in Speisen zubereitet noch ihre medizinische Wirkung entfalten zu können?

Eine klare Grenzziehung wird es dabei nicht geben, eben weil diese Substanzen beiden Kategorien gleichzeitig angehören. Trotzdem leuchtet es ein, daß eine Messerspitze alten, ausgeblichenen Currypulvers aus dem Gewürzregal, in einem ganzen Topf Gemüse längere Zeit gekocht, keine besondere medizinische Wirkung auf unseren Körper haben wird. Andererseits bringen drei Tropfen Gewürznelkenöl die Schmerzen eines entzündeten Zahnes beinah augenblicklich zum Verschwinden, was man kaum als kulinarisches Erlebnis bezeichnen würde. Alle anderen Fälle liegen irgendwo dazwischen.

Im allgemeinen gilt, daß Gewürze, die den Speisen zugefügt werden, eine leichte, vorbeugende Wirkung gegen Krankheiten entfalten, deren Grad allerdings von der Menge und der Kochzeit abhängt. Wenn Sie das jeweilige Gewürz in einer Menge zufügen, die ausreicht, einen starken Geschmack zu entfalten, dann können Sie davon ausgehen, daß die in der Aufzählung S. 112 genannten Wirkungen erreicht werden, besonders, wenn Sie die gleichen Gewürze wiederholt und gezielt einsetzen. Wenn Sie allerdings einen bestimmten medizinischen Zweck im Auge haben und zum Beispiel Ingwer als Mittel gegen Übelkeit anwenden, wie es in den nachfolgenden Kapiteln noch näher beschrieben wird, dann sollten Sie das Gewürz separat und in der empfohlenen Menge einnehmen. Nur so können Sie sicherstellen, tatsächlich eine wirksame Dosis zu sich zu nehmen. Manchmal handelt es sich um eine wichtige Vorsichtsmaßnahme, ein medizinisch wirksames Lebensmittel auch wirklich wie ein Medikament zu behandeln. Denn Gewürze sind, wie wir für den Ingwer beispielhaft zeigen werden, häufig alt oder verunreinigt und entfalten einfach deshalb eine schwache Wirkung, weil die entsprechenden Wirkstoffe nur in geringer Konzentration enthalten sind. Mit anderen Worten, Sie können selbst entscheiden, ob Sie den medizinischen oder den würzenden Aspekt einer Pflanze in den Vordergrund stellen möchten, je nach Dosis und Verwendungsweise.

Warum gerade Ingwer?

Ich hatte irgendwann einmal eine langwierige Virusinfektion mit mäßigem Fieber und fühlte mich miserabel

– ruhelos, schlaflos, mit ziehenden Muskelschmerzen, Hitzewallungen, ständiger Übelkeit und schrecklichen Kopfschmerzen –, genau die Art von Elend, das nie ein Ende zu nehmen scheint, wenn man mittendrin steckt, und bald vergessen ist, wenn man es überwunden hat. Was ich brauchte, war starker Ingwer-Tee aus frischgeriebenem Ingwer mit Honig. Die Wirkung trat prompt ein: Schon bald war ich schweißgebadet. Danach kam alles andere wie von selbst wieder in Ordnung. Die Schmerzen verschwanden, das Fieber sank, ich konnte mich übergeben und fiel anschließend in einen tiefen, heilsamen Schlaf. Am nächsten Tag war ich über den Berg. Der Ingwer hatte dem Fieber auf eine Art zu seiner Wirkung verholfen, die genauso stark war wie die eines entsprechenden modernen Medikaments. Mit dem Unterschied, daß Paracetamol oder Aspirin zwar die Symptome, nicht aber das mit der Krankheit verbundene Sich-elend-Fühlen wegnehmen. Tatsächlich hatte der Ingwer eine durchschlagende Besserung und eine schnelle, natürliche Genesung vollbracht. Diese Erfahrung war für mich der Anlaß, mich ausführlicher mit dieser Pflanze zu beschäftigen.

Mittlerweile ist mir deutlich geworden, daß Ingwer eines der bemerkenswertesten Heilmittel darstellt. Von der hochentwickelten traditionellen chinesischen Medizin wird Ingwer als eines der besten Heilmittel angesehen. Eine computergestützte Studie am Fern-Ost-Institut der ehemaligen Sowjetunion unter Leitung von Professor Brekhman hat die Bestandteile Tausender orientalischer Heilmittel untersucht und ist zu dem Ergebnis gekommen, daß Ingwer von allen asiatischen Heilpflanzen am fünfthäufigsten verwendet wird. Die Rolle des Ingwers ist so einzigartig, daß er durch nichts ande-

In China wird Ingwer schon lange als Medizin verwandt

res ersetzt werden kann. Was dieses Mittel nämlich der chinesischen Medizin zufolge leistet ist, daß es andere Wirkstoffe in den Körper »transportiert«, indem es ihre Aufnahme in den Blutkreislauf und die Verteilung auf die Organe unterstützt. Die Chinesen setzen es außerdem ein, um Blockierungen der Kanäle aufzulösen und müde Organe zu beleben. Die westliche Forschung bestätigt, daß Ingwer die Adern weitet, Schwitzen und Wärmebildung fördert, das Herz stimuliert und das Blut verdünnt.

Hervorzuheben ist die Wirkung auf den Verdauungstrakt. Ingwer ist die einzige bekannte Pflanze mit vorbeugender Wirkung gegen Reise- und Seekrankheit und darf als das beste Mittel gegen Übelkeit bezeichnet werden. Eine beachtliche Studie am St. Bartholomew's-Krankenhaus in London hat gezeigt, daß Ingwer gegen Schwindel und Erbrechen, die häufig als Folgen der Narkose nach chirurgischen Eingriffen auftreten, besser wirkt als konventionelle Medikamente. Es unterstützt die Verdauungstätigkeit insgesamt, wie wir später sehen werden.

Auch die Wirkung bei Fieber ist bemerkenswert. Es ist das einzige Mittel, das man gegen alle alltäglichen Arten fiebriger Virusinfekte praktisch immer zur Hand haben könnte. Ich kann nur wiederholen, daß in vieler Hinsicht kein anderes Mittel, weder aus der Palette pharmazeutischer Produkte noch aus dem Heilkräutervorrat, mit dem Ingwer konkurrieren kann. Außerdem hat es wie alle medizinisch wirksamen Lebensmittel den Vorteil, daß es billig und leicht zu erwerben, problemlos zuzubereiten und völlig ungefährlich ist.

Damit haben wir schon einige Hinweise auf den Wert des Ingwers gegeben, denen in den folgenden Kapiteln noch einige hinzugefügt werden. Überdies ist Ingwer ein Teil unseres kulturellen Erbes und behauptet traditionell einen Platz auf unserem Speisezettel; was das angeht, gibt es noch viel Interessantes zu berichten. Wir werden uns der Pflanze selbst zuwenden, sehen, wie sie gezüchtet und verarbeitet wird und untersuchen, welchen Bestandteilen wir Duft, Geschmack und medizinische Wirkung dieser wunderbaren Pflanze verdanken. Zahlreich sind auch die Geschichten über die Kräfte, die dem Ingwer im Dorfleben traditioneller Kulturen besonders in Indien zugeschrieben werden, und auch die ganz anderen Geschichten, die den Gewürzhandel betreffen, sollen Erwähnung finden.

In England hat Ingwer auch in die Sprache Einzug gehalten. Die Umgangssprache verwendet den Ausdruck »ginger up«, wenn jemand aufgemuntert werden soll. Und »Ginger Group« bezeichnet den Zusammenschluß einiger Parlamentarier mit dem Ziel, Bewegung in die Dinge zu bringen, wo andere in Selbstzufriedenheit die Hände über dem Bauch zusammenfalten und politische Werte verlorenzugehen drohen. »Ingwer« findet immer dann Verwendung als Metapher, wenn es um Bewegung und Belebung geht. Seine Bedeutung liegt irgendwo zwischen dem heftigen Reiz von Chilischoten und der erfrischenden Wirkung einer kalten Dusche oder einer Tasse Kaffee. Ich hoffe, daß die Leser am Ende dieses Buches etwas von der Wirkung des Ingwers verstanden und ein »Gefühl« dafür entwickelt haben werden, wie sie Ingwer als zuverlässigen Begleiter und Freund in ihren Haushalt aufnehmen können. Wenn wir erst einmal das Wesen und die Möglichkeiten dieser einen Pflanze erkannt haben, mögen andere Pflanzen folgen, um unseren Erfahrungsschatz, unsere Gesundheit und unser Leben zu bereichern.

Zusammenfassung

Ingwer als Medizin – Gesundheit aus dem Gewürzregal? Es ist noch immer ein ungewöhnlicher Gedanke, daß Lebensmittel, und unter ihnen auch die Gewürze, nicht nur der Ernährung und dem Geschmack dienen, sondern ebenso – richtig angewendet – wirksame Medizin sein können. Tatsächlich lassen sich mit Gewürzen eine Reihe von harmloseren, aber quälenden Beschwerden bessern und sogar heilen. Sie stecken voller Vitamine und Mineralien, fördern die Verdauung, regen den Stoffwechsel an und verhindern die Oxidation von Nahrungsmitteln. Sie entgiften den Körper und machen schwere Speisen verträglich.

Es gilt, im Ingwer ein hierzulande relativ ungebräuchliches Gewürz mit seinen spezifischen Heilkräften neu zu entdecken.

2. Ingwer und Kreislauf

Ingwer ist ein warmes, scharfes Mittel. Wir brauchen nur hineinzubeißen und zu spüren, wie sich der Geschmack und die aromatische Wärme in unserem Körper verbreiten, um daran zu erkennen, daß diese Pflanze eine wärmende, anregende Wirkung hat und Stagnationen im Körper auflösen kann. Wir haben es also mit einem Mittel zu tun, das Beschwerden entgegenwirkt, die auf Abkühlung, Verlangsamung, Unterfunktion beruhen; unter diesen stehen Herzbeschwerden an erster Stelle. Um die Gründe dafür zu verstehen und zu erkennen, in wieweit es angebracht ist, unser inneres Feuer mit Ingwer anzufachen, bedarf es eines genaueren Blickes auf unsere hauptsächlichen Gesundheitsprobleme und ihre Entstehung durch unsere Lebens- und Umweltbedingungen.

Die Ursachen von Herz-Kreislauf-Erkrankungen

Herzkrankheiten sind in unserer modernen Welt die Hauptursache von Todesfällen und Arbeitsunfähigkeit. Etwa zwei Drittel der Bevölkerung in der westlichen

Welt leiden an erhöhten Cholesterinwerten, für rund die Hälfte wird Schlaganfall, Infarkt oder eine andere kreislaufbedingte Krankheit die Todesursache sein. Die Gründe für all diese Erkrankungen lassen sich so einfach nicht auf den Punkt bringen; viele Aspekte der heutigen Lebensweise sind dafür verantwortlich. Aber wir wissen zum Beispiel, daß die Angehörigen der sogenannten Naturvölker, solange sie in ihrer dörflichen Umgebung leben, von diesen Krankheiten verschont bleiben. Auch Tiere zeigen eine erhöhte Anfälligkeit für Herz- und Kreislaufbeschwerden, wenn man sie einer Umgebung wie unserer aussetzt.

Durch enorme Forschungsanstrengungen verfügen wir mittlerweile über das Wissen um einige Faktoren, die zu dem erhöhten Risiko beitragen. Rauchen ist einer der bekannteren. Mangel an Bewegung ein weiterer; ein anderer Risikofaktor ist eine wahrscheinlich vererbte Anlage zu Herzinfarkt oder erhöhtem Cholesterinspiegel. Fettreiche Nahrung und ein hoher Gehalt an Cholesterin, das im Blut durch unseren Körper zirkuliert, bewirken zusammen ein erhöhtes Risiko. Aber das ist nur ein Teil der Wahrheit, weil wir wissen, daß sich heute wie zu Großvaters Zeiten viele Menschen fettreich ernähren, ohne dadurch besonders gefährdet zu sein. Zum Beispiel ernähren sich die Beduinen in Israel und Ägypten vorwiegend von Fleisch, trotzdem ist hier die Rate der Herzkrankheiten niedrig und steigt erst dann, wenn diese Menschen in den Städten seßhaft werden, obwohl sich dann meistens der Gemüseanteil in der Nahrung erhöht.

Aus solchen Untersuchungen und aus der Betrachtung persönlicher und verhaltensbedingter Faktoren hat man den Schluß gezogen, daß Streß das Risiko einer Herz-Kreislauf-Erkrankung zu erliegen, maßgeblich erhöht. Dieser »Streß« ist bei weitem nicht erschöpfend definiert, aber im allgemeinen wird damit ein Zustand der Unruhe, der Überlastung und anhaltender seelischer Unausgeglichenheit umrissen.

Alles das ist mittlerweile ausreichend bekannt. Aber wir müssen vielleicht ein bißchen tiefer gehen. Denn alle diese Einflüsse neigen dazu, sich gegenseitig zu bedingen und zu verstärken. Zum Beispiel erhöht Streß den Cholesterinspiegel mindestens ebenso wie fettreiche Nahrung. Erhöhte Cholesterinwerte begünstigen die Ablagerung von Fetten und damit eine Verstopfung der Arterien. Verengte Arterien führen zu einer reduzierten Organtätigkeit und zu erhöhtem Blutdruck, der das Herz belastet und so weiter. Das Entscheidende ist vielleicht, daß alle diese Faktoren zusammen innere Veränderungen verursachen, die schließlich im Herzinfarkt gipfeln können: Gefäßverengung, Blutstau, überhöhter Blutdruck. Wir selbst nehmen die Unterversorgung des Gewebes durch verminderte Zirkulation von Blut und anderen Körperflüssigkeiten in den Extremitäten als Kältegefühle wahr und leiden an geringer Schweißproduktion, die auf eine verminderte Ausscheidung insgesamt deutet. Der Körper wird mangelhaft mit Sauerstoff und Nährstoffen versorgt, was sich als Müdigkeit bemerkbar macht und gleichbedeutend mit der Unterversorgung der inneren Organe ist, einschließlich und besonders des Herzens.

Wenn wir einmal die Ähnlichkeiten der verschiedenen Faktoren unter die Lupe nehmen, dann schadet beispielsweise Rauchen dem Körper, weil es die Gefäße nicht nur in der Lunge, sondern im ganzen Körper verengt. Der Mangel an Bewegung verringert die Elastizität der Gefäße, wir »rosten ein«, so daß der Körper auch

Die moderne Lebensweise ist Ursache vieler Krankheiten

bei Anstrengungen nicht ausreichend mit Sauerstoff versorgt wird. Der Durchfluß stagniert, der Körper wird unterversorgt. Wir haben also bei übermäßigem Essen das gleiche Bild wie bei übermäßigem Streß und mangelnder Bewegung. Alles das führt zu Verkrustung, Verstopfung, Brüchigkeit der Gefäße. Tatsächlich lagert sich als erstes Zeichen einer arteriellen Verkalkung Kalzium in den Arterien ab – wie Kalk im Wasserkessel. Ich betrachte das als einen wichtigen Hinweis auf die Natur des Problems.

Die traditionelle Medizin faßt diese Prozesse als Abkühlung oder Verlangsamung auf. Auch die moderne Medizin spricht von Kreislauferkrankungen als »degenerativen« Krankheiten oder von »Atrophie«, was in etwa mit »Verfallserscheinung« zu übersetzen wäre. Sprichwörtlich ist auch die »Arterienverkalkung« geworden. Während die moderne Medizin anatomisch-deskriptiv an dieses Problem herangeht, wird es von der traditionellen Medizin als Prozeß aufgefaßt. Unter diesem Blickwinkel stellt sich die Arterienverkalkung lediglich als Endergebnis einer Verlangsamung der Stoffwechseltätigkeit, des Fließens der Lebensenergie dar, die eine Ablagerung von Schlacken begünstigt, genauso wie sich in träge fließenden Gewässern Müll an den Ufern ansammelt. Deshalb besteht für die traditionelle Medizin die Behandlung in einer Erwärmung des Systems, damit die Energien wieder ins Fließen kommen. Zum Beispiel ist *Knoblauch* eines der klassischen Kreislaufmittel. Er ist scharf, wärmend und besitzt außerdem die Eigenschaften, Cholesterin zu reduzieren, das Blut zu verdünnen und die Durchlässigkeit der Arterien zu erhalten. Ein anderes Mittel ist *Gingko biloba*, das die Gefäße an der Körperoberfläche weitet und durch Entspannung durchlässig macht. *Bewegung* ist vielleicht überhaupt das beste bekannte Mittel, um den Kreislauf anzuregen und die Gefäße, besonders in den Muskeln und Extremitäten, zu weiten. *Entspannung und Meditation* wirken innerem Streß entgegen, so daß in einem entspannten Körper die Energieströme ungehindert fließen können. Jeder kann selbst die Erfahrung machen, daß Entspannungsübungen die Körperoberfläche erwärmen, daß Hände und Füße warm werden, weil sich die Blutgefäße entspannen.

Erwärmung von innen: Ingwer in der asiatischen Medizin

Ingwer kann Sie ziemlich ins Schwitzen bringen! Die Wärme, die sich nach dem Genuß von Ingwer im Körper ausbreitet, ist die Grundlage für seine Wirkung auf den Kreislauf. Denken Sie an ein heißes Bad oder eine Sauna. Die Hitze durchdringt den Körper, öffnet die Energiebahnen, löst Muskelverspannungen (einschließlich jener Muskeln, die für die verengten Blutgefäße verantwortlich sind), fördert eine gleichmäßige Zirkulation der Körperflüssigkeiten im Gewebe, einschließlich der häufig unterversorgten Extremitäten. Das gleiche tut auch der Ingwer, nur daß er seine Wirkung von innen her entfaltet, nicht von außen wie das heiße Bad.

Ingwer regt die Durchblutung an wie ein heißes Bad

Cayennepfeffer wirkt auf die gleiche Art und ist deshalb eine der Zutaten, die Kräuterspezialisten für kreislaufstärkende Mittel verwenden. Ingwer ähnelt in der Wirkung dem Cayennepfeffer, nur ist er milder, reizärmer und besser geeignet als Hausmittel zur Selbstbehandlung. In der fernöstlichen Medizin ist er das bevorzugte Mittel zur Erwärmung.

Für Ingwer als eines ihrer fundamentalen Heilmittel hat die chinesische Medizin ein tiefes Verständnis entwickelt. Hier wird Ingwer, je nach Zubereitungsart, verschiedenen Kategorien zugeordnet:

Getrockneter Ingwer

Er gilt als heißer, schärfer, würziger als alle anderen Sorten. Er wird angewendet, um die Körpermitte zu erwärmen und das *Yang Qi*, womit die grundlegende Lebensenergie und Körperwärme gemeint ist, anzuregen. Getrockneter Ingwer löst Stauungen: des Blutes, der Energie, der Verdauung, des Stoffwechsels und der Körperflüssigkeiten. Mit anderen Worten: Er bringt alles in Bewegung. Er wird gegen kalte Hände und Füße verwendet, gegen Frösteln und Schwäche, schlechte Verdauung und Erbrechen und gegen Kreislaufunterfunktion.

Weil Ingwer primär auf die Meridiane (Energieleitbahnen) von Magen, Lunge und Milz wirkt, ist er sehr nützlich, um Erkältungen, Schleim, Husten und Bronchialinfekte zu vertreiben, wie wir im vierten Kapitel sehen werden. Die Chinesen verwenden ihn, wenn das Wetter kalt und feucht ist, zur Vorbeugung gegen Erkältungen, rheumatische Beschwerden und ähnliches.

Einer der klassischen Texte der chinesischen Medizin, der *Shan han lun*, besagt folgendes: »Somit bewirkt Ingwer eine Stimulierung der inneren Organe und hat zusätzlich erwärmende Wirkung. Er reguliert den Stoffwechsel und schwemmt überschüssige Körperflüssigkeit, die sich im Körper angestaut hat, aus, löst Winde und unterstützt die Verdauung. Das Mittel ist nützlich, um Blockierungen aufzulösen und Aufblähungen unterhalb des Herzens (im Verdauungstrakt) zu beheben.«

Frischer Ingwer

Er ist würzig, warm und aromatisch und wirkt mehr auf die Körperoberfläche ein, wo er die Schweißproduktion anregt, um toxische Stoffe auszuschwemmen, und die Durchblutung der Haut und der Extremitäten fördert. Die Chinesen wenden ihn bei Erkältungen und Fieber an, um schmerzhafte Beschwerden und akute rheumatische Zustände zu lindern, sowie bei Husten, Kopfschmerzen und gewissen Hautproblemen. Diese Art der Ingweranwendung hat die meisten Ähnlichkeiten mit einem Saunabad, so daß wir gut von Schwitztherapie sprechen können. Vorbeugend wird er eingesetzt, wenn die Haut kalt und schlecht durchblutet ist, und genau wie getrockneter Ingwer kann er auch gegen Erkältung und rheumatische Beschwerden durch feuchtes, kaltes Wetter angewendet werden.

Gerösteter oder gebackener Ingwer

Diese Form findet ausschließlich in der chinesischen Medizin Anwendung. Getrockneter Ingwer verliert durch Backen seine Schärfe und ist dafür bitter und warm. Er dient nicht dem Durchströmen von Blut und Körpersäften durch die Gefäße, sondern unterstützt die Milz in ihrer Funktion, Blut zu produzieren und in den Gefäßen zu halten, was merkwürdigerweise als »Sammlung des Blutes« beschrieben wird. Er wird gegen innere Blutungen und einige andere Leiden eingesetzt.
In der chinesischen Medizin wird Ingwer nie isoliert angewendet, sondern immer in Kombination mit ande-

ren Kräutern. Der chinesische Arzt gründet seine Diagnose auf mit großer Sensibilität wahrgenommene Körpersignale. Die Signale an der Körperoberfläche, Puls, Farbe und Beschaffenheit von Zunge und Haut, Flecken oder Hautrötungen und so weiter, sind allesamt Zeichen der Vorgänge und Zustände im Körperinneren. Die Zusammenstellung des Heilmittels zielt deshalb darauf, den gestörten Körperzustand ins Gleichgewicht zu bringen. Zum Beispiel ist ein schwacher, hohler Puls, der nicht richtig zurückfedert, wenn er gedrückt wird, ein Zeichen für verhärtete, durch Cholesterin verengte Gefäße. Das Gegenmittel wird sich deshalb aus Zutaten zusammensetzen, die das Herz stimulieren, wie das Chinesische Aconitum, Chinesischer Salbei, Ingwer, Atractylis, Süßholz, Poria cocos (oder Hoelen, ein Pilz, der auf Tannenwurzeln wächst), Tang kuei (Chinesische Angelica) und anderen. Die genaue Mischung wird dabei von der Konstitution der Person und dem besonderen Ungleichgewicht der jeweiligen Körpersysteme abhängen. Zum Beispiel wird Tang kuei verwendet gegen Sauerstoffmangel im Blut und Blutarmut allgemein, die zu Schmerzen bei Bewegung führen. Poria wird gegen Ödeme (Wasseransammlungen im Gewebe) gegeben, Aconitum kurbelt die Herztätigkeit an und so weiter. Ingwer unterstützt die Wirkung dieser Kräuter, indem er ihre Inhaltsstoffe dorthin transportiert – die Chinesen bezeichnen ihn als »Führer« –, wo sie ihre Wirkung entfalten sollen. Ingwer ist immer dann angezeigt, wenn es darum geht, die Durchblutung in Gang zu bringen.

Wissenschaftliche Studien

Wie bei vielen anderen Heilkräutern, ist auch beim Ingwer kaum Geld in wissenschaftliche Studien investiert worden, so daß seine Wirkungen in der traditionellen Anwendung noch nicht experimentell belegt werden konnten. Immerhin hat es einige Laborstudien an Tieren gegeben, die die oben beschriebenen Erfahrungen bestätigen.

Geringe Mengen Ingwerextrakt, die den Versuchstieren per Injektion verabreicht wurden, bewirken stärkere Kontraktionen des Herzmuskels. Studien am Pharmakologischen Institut der Tokushima-Bunri-Universität in Japan haben gezeigt, daß das scharfe Element im Ingwer eine stimulierende Wirkung auf das Atrium (den Großen Herzmuskel) hat, so daß das Blut mit der Kraft einer stärkeren Kontraktion durch den Körper gepumpt wird. Bemerkenswert ist, daß das Herz dabei langsamer, dafür aber kräftiger schlägt. Außerdem haben andere japanische Studien an Universitäten und Forschungszentren ergeben, daß Ingwer oder dessen Wirkstoffe, in geringer Dosierung an Tiere verabreicht, zu einer deutlichen Blutdrucksenkung führen. Der Blutdruck sinkt um zehn bis fünfzehn Prozent ab, und die Wirkung bleibt über einige Stunden hinweg stabil.

Das Wissen über die Wirkungsweise des Ingwers ist in dieser Frage noch wenig fortgeschritten. Nur wenige Wissenschaftler haben ihre forschende Neugier der Frage gewidmet, wo die molekularen Bestandteile des Ingwers im Körper hinwandern. Ein Anhaltspunkt wurde von japanischen Wissenschaftlern der Universität Kyoto gefunden. Sie entdeckten, daß die scharfen Moleküle von Ingwer und Cayennepfeffer auf schnellstem

Wege zu den Nebennieren wandern, wo sie das Nebennierenmark, die »Zentrale« dieses hormonproduzierenden Organs, anregen, Botenstoffe zu produzieren, u. a. Adrenalin. Adrenalin stimuliert die Zirkulation und erwärmt den Körper. Allerdings ist dies nur ein kleiner Ausschnitt aus dessen Wirkungsspektrum, denn Adrenalin hat noch ganz andere Wirkungen, die mit Ingwer sicher nicht in Verbindung gebracht werden können, so versetzt es etwa den Körper in Alarmbereitschaft und vermindert dabei die Durchblutung des Magens und der anderen inneren Organe, während Ingwer eher die gegenteilige Wirkung hat.

Was diese Studien verdeutlichen ist, daß Ingwer die Blutgefäße an der Körperoberfläche erweitert und durch Entspannung die Versorgungswege durchlässig macht. Weil die Adern geweitet sind, muß das Herz weniger angestrengt pumpen, um die Versorgung sicherzustellen, eine Blutdrucksenkung ist die Folge. Außerdem scheint Ingwer auch als sanftes Stimulans für den Herzmuskel selbst zu wirken, so daß er sich kräftiger zusammenzieht. Und wenn sich das Herz weniger anzustrengen braucht, verlangsamt sich auch der Puls. Das alles deutet darauf hin, daß die Chinesen recht haben mit ihrer Auffassung, daß Ingwer die Flüssigkeiten leichter durch den Körper fließen läßt und damit das Herz entlastet sowie den Blutdruck senkt.

Eine andere nützliche Eigenschaft des Ingwers besteht in seiner Fähigkeit, den Cholesterinspiegel in Blut und Leber zu senken. Untersuchungen von Dr. Gujral und seinen Kollegen an der Baroda-Universität, Gujrat, Indien, haben gezeigt, daß Tiere bei einer cholesterinüberladenen Diät mit großen Portionen Butter auf winzigen Brotstückchen einen rasanten Anstieg der Cholesterinwerte

Erhöhte Cholesterinwerte können gesenkt werden

im Blut aufweisen. Ingwer wirkt in diesem Fall als Gegenmittel, das den Anstieg erheblich bremst, jedenfalls wenn es über einen längeren Zeitraum gegeben wird – erst dann tritt die Wirkung ein.

Andere Untersuchungen haben diese Beobachtungen bestätigt. Dabei wurde festgestellt, daß der Zusatz von Ingwer zu einer cholesterinreichen Mahlzeit bei Tieren verhindert, daß das Cholesterin die Blutgefäße erreicht, weil es schon vorher ausgeschieden wird. Sie haben daraus die Schlußfolgerung gezogen, daß Ingwer, genau wie die Harze einer Reihe anderer Heilpflanzen, die Wirkung hat, Cholesterin auf dem Weg über die Leber und den Darm auszuscheiden. Trotzdem wirkt Ingwer in dieser Hinsicht schwächer und weniger spezifisch als zum Beispiel Knoblauch.

Ingwer und Blutgerinnung

Der andere Aspekt der zirkulationsfördernden Eigenschaft des Ingwers ist seine Wirkung auf die Blutgerinnung. Sie wurde besonders in Dänemark durch das Institut für Volksgesundheit an der Universität Odense ausführlich erforscht, wo Dr. Srivastava sich ausführlich mit dem Einfluß von Ingwer auf die Blutplättchen, die den ersten Faktor im Prozeß der Gerinnung darstellen, beschäftigt hat. Diese Blutplättchen lagern sich an den Wundrändern an und sorgen dort dafür, daß sich die Wunde durch weitere Ablagerung schließt, sie bilden aber auch die Zusammenklumpungen, die sich an den Innenseiten verengter Arterien ablagern, wo sie zu gefährlichen Blutgerinnseln werden können, die, wenn sie sich irgendwann von der Arterienwand ablösen, einen plötzlichen Herzinfarkt (coronare Thrombose) oder einen Schlaganfall auslösen können. Das sind die Extremfälle. Aber auch die winzigen Blutgerinnsel, die einfach die Blutzirkulation weiter einschränken, sind ein Gesundheitsproblem. Menschen, die zu Durchblutungsstörungen neigen, haben in der Regel einen hohen Blutgerinnungsfaktor, gegen den westliche Ärzte häufig Aspirin in kleinen Mengen verschreiben.

Japanische Wissenschaftler haben mittlerweile ein Patent für ein gerinnungshemmendes Mittel angemeldet, das in Kapseln verpackt sechzig Milligramm eines der Hauptwirkstoffe des Ingwer enthält, nämlich Shogaol. Das dänische Team in Odense konnte feststellen, daß Ingwer ein ausgezeichneter Gerinnungshemmer ist, der im ersten Stadium, der Verklumpung der Blutplättchen, ansetzt. Ingwer war eindeutig fähig, das Blut zu verflüssigen. Die Erkenntnisse reichten aber noch weiter in die Wirkweise dieses Prozesses hinein – man stellte fest, daß das Blut weniger leicht gerinnt, weil durch die Gabe von Ingwer weniger *Thromboxane* und *Prostaglandine* produziert wurden. Die Produktion dieser lokal wirkenden chemischen Botenstoffe, deren Beteiligung bei Schmerzen, Entzündungen, Fieber und anderen Abwehrreaktionen des Körpers die Forschung der letzten Jahre untersucht hat, wird auch durch herkömmliche Medikamente gegen solche Erscheinungen gehemmt. Zum Beispiel hat Aspirin ebenfalls eine vergleichbare Wirkung auf die Blutplättchen und auf diese Gruppe chemischer Botenstoffe.

Der Einblick in diese Wirkweise hilft uns auch für das Verständnis des Ingwers weiter und bringt ihn als Heilmittel in Betracht. Es ist bekannt, daß verschiedene Kräuter und medizinische Lebensmittel Prostaglandine und Thromboxane reduzieren können, aber ihre Wirkung beruht auf so unterschiedlichen Mechanismen, **Ingwer und Knoblauch verflüssigen das Blut** daß wir sie hier nicht erklären können. Zum Beispiel hat Knoblauch die gleiche blutverflüssigende Wirkung wie Ingwer, aber nicht die gleiche Art der Wirkung auf die Prostaglandine wie Ingwer oder Gewürznelke, außerdem wirkt er nicht gegen Fieber und Schmerzen. Wir wissen nicht sicher, ob die Eigenschaften des Ingwers, den Körper zu erwärmen und die Blutgefäße zu erweitern, ebenfalls mit den Prostaglandinen zusammenhängt, aber überraschen würde es mich nicht. Schon weil das Öffnen und Zusammenziehen der Gefäße und die lokale Wärmezufuhr überhaupt im Körper durch Prostaglandine und artverwandte Hormone gesteuert werden.

Ingwer als Mittel gegen schlechte Durchblutung

Wenn wir die Wirkung des Ingwers mit der einer Sauna vergleichen, dann liegen wir auf jeden Fall nicht falsch. Alle Menschen, die ihre Durchblutung ankurbeln und ihren Körper aufwärmen wollen, sollten regelmäßig Ingwer zu sich nehmen. Und das sind alle, die

○ an Arteriosklerose leiden oder zur Risikogruppe für andere Herzkrankheiten gehören, weil sie sich einseitig ernähren, zu wenig bewegen oder ähnliches;
○ rauchen;
○ immer kalte Hände und Füße haben;

O Kältegefühle haben oder, besonders bei kaltem Wetter, unter Müdigkeit und mangelnder Energie leiden;

O eine »schlechte Durchblutung« haben, so daß die Körperoberfläche nicht ausreichend durchblutet ist, was sich auch in verzögerter Wundheilung und Muskelschmerzen bei Bewegung bemerkbar macht.

Nach chinesischer Auffassung ist Ingwer nur ein Mittel, um den Körper zu einer gesunden Durchblutung zurückzuführen. Er sollte mit andern Kräutern und Gewürzen kombiniert werden. Die genaue Mischung wird vom Individuum abhängen, weshalb ein ernsthafter Versuch, Durchblutungsstörungen zu vermeiden oder zu beheben, nicht auf professionelle Hilfe verzichten kann, damit die richtige Kräutermischung verbunden mit den entsprechenden Verhaltensregeln zu einer individuellen Heilung führt.

Die Anwendung von Ingwer läßt sich mit anderen Wegen zu Heilung und Wohlbefinden durch gesunde Durchblutung bestens vereinbaren. Zum Beispiel zeigt er gute Wirkung in Kombination mit Weißdorn, Mistel oder Maiglöckchen, die alle den Blutdruck senken und das Herz stärken, weil Ingwer eine Eigenschaft hat, die den anderen Kräutern fehlt, nämlich die Körperflüssigkeiten durch den Körper strömen zu lassen. Er unterstützt die Wirkstoffe anderer Kräuter, die zum Beispiel die Herztätigkeit entspannen oder Streß und Nervosität reduzieren, wie *Polygala senega* oder *Zizyphus jujuba* (Chinesische Dattel, auch Brustbeere genannt). Bewährt hat sich auch die Kombination mit Knoblauch. Obwohl beide Pflanzen im Geschmack ähnlich scharfwürzig sind, beide zur Cholesterinsenkung beitragen und blutverflüssigende Wirkung haben, ist Knoblauch, wenn es um den Abbau von Cholesterin und Körperfett geht, das wirksamere Mittel, das Blutklumpen sogar auflösen kann. Die Stärken des Ingwers liegen mehr im Bereich der Durchblutungsförderung und Herzstärkung. Deshalb sind beide Mittel in Kombination miteinander empfehlenswert.

Ingwer ist offensichtlich auch ein guter Begleiter bei diätetischen Maßnahmen, besonders während einer sanften Fastenkur oder einem Wechsel der Ernährungsform. Er wird in solchen Zeiten dazu beitragen, die Energien zu wecken und die Durchblutung zu fördern, und er wird durch seine schweißtreibende Wirkung außerdem die Ausschwemmung giftiger Stoffe fördern und so den Körper reinigen. Es ist kein Problem, unseren Ernährungsplan um Ingwer zu erweitern, und besonders empfehlenswert ist es, diätetische Maßnahmen durch körperliche Übungen zu ergänzen. Allerdings sollte Ingwer nicht von Menschen genommen werden, die an übermäßiger Hitze leiden und leicht rot oder schwitzig werden.

In kaltem Klima sind viele Menschen von Verspannungen betroffen, die sich in Körper und Geist bemerkbar machen. Wenn wir außerdem noch unter dem alltäglichen Streß der modernen Lebensweise leiden, dann wird unsere Durchblutung von innen und außen belastet. Vielleicht ist das der Grund dafür, daß man diesen Problemen in Ländern wie Deutschland, England und Skandinavien so schwer beikommt, während die Menschen in Italien und Frankreich ähnliche Mengen ungesunder Nahrung, Alkohol und Nikotin konsumieren, aber seltener mit diesen Symptomen dafür bezahlen. Solche Überlegungen sprechen für eine erweiterte Verwendung des Ingwers in den nördlichen Ländern.

Knoblauch haben wir bereits wieder in unseren Speisezettel aufgenommen, jetzt wird es Zeit für Ingwer.

Zusammenfassung

Die moderne Lebensweise bringt mit Streß, Rauchen, Fehlernährung und mangelnder Bewegung spezielle Risikofakto-
ren für unsere Gesundheit hervor. Die Folgen sind eine Verlangsamung und Stockung der vitalen Funktionen, eine ge-
nerelle Unterversorgung des Körpers mit Sauerstoff und
Nährstoffen.
Ingwer bringt dagegen das ganze System wieder in Schwung,
er wirkt wie ein Saunabesuch und heizt das innere Feuer an.
Durch die gesteigerte Zirkulation des Blutes, ja aller Körperflüssigkeiten lösen sich Verspannungen und Verkrampfungen,
weiten sich die Adern und wird somit das Herz entlastet.
Darüber hinaus unterstützt und verstärkt Ingwer die Wirkung
anderer Heilmittel, indem er ihre Wirkstoffe schnell durch die
Blutbahn transportiert.

3. Ingwer und Verdauung

Die wichtigste und bekannteste Anwendung des Ingwers zielt auf unser Verdauungssystem. Dort wirkt er als klassisches Mittel zur Bekämpfung von Übelkeit und Erbrechen, Verdauungsstörungen und Verstopfung; er beugt der Bildung von Magengeschwüren vor und erleichtert die Aufnahme wichtiger Bestandteile aus Nahrung und Arzneimitteln. Bevor wir uns diesen Eigenschaften im einzelnen zuwenden, sollten wir etwas näher auf die Funktionen unseres Verdauungssystems eingehen.

Bauchschmerzen

Dr. Johnson scherzte: »Wer sich nicht richtig um seinen Bauch kümmert, der wird sich kaum um anderes kümmern können.«
Magenprobleme gehören für viele Menschen zum Alltag; sie gelten als so normal, daß erstaunte Blicke erntet, wer nicht darunter leidet. Sprachlich hat sich das »Magendrücken« als Ausdruck für Unbehagen eingebürgert.
Der Verdauungsapparat hängt aufs engste mit dem üb-

rigen Organismus, ja selbst mit dem Geist zusammen. Man könnte sogar die Behauptung wagen, er sei mit einem eigenen Verstand begabt. Wer in den Bauch hineinblicken könnte, würde dort eine Widerspiegelung der Gedanken sehen, die einem durch den Kopf gehen. Wo spüren wir Verwirrung, Lampenfieber, Furcht? Bestimmt nicht im Gehirn, wo diese Emotionen entstehen. Warum verwendet die japanische Sprache für eine großzügige, offenherzige Persönlichkeit den Ausdruck »er hat einen großen Bauch«? Die Bewegung, das Rumpeln, Grummeln, Glucksen der Verdauungssäfte, die Säurespritzer, die Tätigkeit von Millionen winziger »Zotten« (Villi), die die Fetttröpfchen aufnehmen, ein komplexes Telefonnetz der Kurz- und Langstreckenhormone, die alle Ereignisse überwachen, dazu ein ganzes Immunsystem – das alles ist in der Verdauung damit beschäftigt, auf sämtliche Veränderungen in Körper, Geist und Seele und in der Umgebung zu reagieren.

Aus diesem Grund können wir das Verdauungssystem nicht länger einfach als ein Gefäß voller Flüssigkeiten betrachten, in dem automatisch alles, was zufällig des Weges kommt, in seine Bestandteile zer- **Verdauung ist kein** legt wird. Dieses überkommene Modell **isoliertes Geschehen** hat ausgedient. Denken wir nur an ein paar gewöhnliche Beschwerden des Magen-Darmtrakts. Wir leiden unter *Verstopfung*, wenn unser Verdauungsapparat mehr bekommt, als er bewältigen kann. Jeder Mensch reagiert hier anders, und für einige sind schon kleine Mengen bestimmter Nahrungsmittel absolut unverdaulich. Streß und Angst können sich unmittelbar in Verdauungsstörungen niederschlagen. *Blähungen* und *Koliken* sind die Folge von zuviel falschen Nahrungsbestandteilen (wie bestimmte Zuckerarten in Bohnen oder Kuhmilch), die unsere Verdauungssäfte nur ungenügend spalten können. Unverdaute Zucker bilden im Darm den Nährboden für bestimmte Bakterien, die dann bei ihrer Verarbeitung dieser Stoffe Giftstoffe und Blähungen produzieren.

Übelkeit und *Erbrechen* sind normale Reaktionen auf Vergiftungen, Alkohol, Infektionen, Schwindel, Schaukelbewegungen, foetale Abfallprodukte (während der Schwangerschaft) und Schock (etwa beim Anblick von Blut). In allen diesen Fällen stellen Übelkeit und Erbrechen einen Reinigungsversuch des Körpers dar. Ein *Magengeschwür* ist eine »offene Stelle« in der sonst säureresistenten Magenwand, an der eine Art »Selbstverdauung« stattfindet. Magengeschwüre entstehen in erster Linie durch anhaltenden Streß und Angst, weil die ständige Alarmreaktion nicht nur die Blutversorgung des Magens einschränkt, sondern außerdem auch die hormonellen Bedingungen verändert. *Allergien* sowie einige *rheumatische Erkrankungen* sind in den Augen von Naturheilkundlern die Folge einer schlechten Verdauung, wodurch sich schädliche und unverdaute Substanzen als Schlacken im Körper ablagern. An solchen Problemen sind natürlich Körper und Geist beteiligt.

Die traditionelle Medizin, besonders die der Chinesen, beschreibt, wie die Umgebung, die Konstitution und das individuelle Verhalten die Qualität der Verdauung beeinflussen. Zum Beispiel äußert sich ein Mangel an vitaler Energie (*Qi*) durch Überlastung der Verdauung wahrscheinlich zuerst in einem schmerzenden, aufgeblähten Bauch und dann in Mattigkeit und Magenverstimmung, weil die Kraft nicht ausreicht, um die Nahrung auf dem Förderband der Verdauung richtig weiterzutransportieren. Wenn Kälte in das System eingedrungen ist, zum Beispiel durch plötzlichen Wetter-

Durch die Erlahmung des Stoffwechsels sammeln sich Toxine im Körper an

wechsel, dann leiden wir vielleicht ebenfalls unter Bauchschmerzen, kalten Händen und Füßen sowie unzureichender Verdauung, durch die sich Giftstoffe ansammeln, die ihrerseits Kopfschmerzen und ähnliches zur Folge haben. Das richtige »Verdauungsfeuer«, das die Nahrung in Körperenergie umwandelt, die wir als Kraft und Gesundheit wahrnehmen, ist eines der Kernpunkte traditioneller Medizin.

Ingwer in der ayurvedischen Medizin

Das differenzierteste Verständnis der Vorgänge im Verdauungssystem hat Ayurveda, die traditionelle Medizin Indiens, entwickelt. Sie ist, genauso wie die chinesische Medizin, ein ungemein ausgeklügeltes System, mit einer eigenen Theorie über das Wesen des Lebens, der Materie und über Gesundheit und Krankheit. All das ist ein Teil der indischen Kultur, eingebettet in Philosophie und spirituelles Wissen. Die Inder gehen von fünf, die Welt konstituierenden Grundelementen aus, nämlich Erde, Luft, Feuer, Wasser und Raum. Man vermutet, daß dieses Wissen auf dem Weg über Pythagoras und die frühen Griechen aus dem Orient in den Westen gekommen ist. Diese Elemente sind die Statthalter der Qualitäten; Erde zum Beispiel steht für die Festigkeit und Passivität, also die Materialität der Dinge. Feuer ist Energie, Verwandlung, Hitze. Wasser gilt als Symbol der Bindekraft, des Zusammenhangs und der Feuchte. Luft bedeutet Leben, Bewegung, Tätigkeit. Raum ist der Daseinsort der anderen Elemente.

Der Körper existiert durch das Zusammenspiel dreier lebendiger Qualitäten, auch »Temperamente« genannt:

Vata, das sich aus den Elementen Luft und Raum speist, *Pitta* als das biologische Feuer, das sich aus dem Wasser speist, und *Kapha* als Wasserelement, das in der Erde wurzelt. Diese drei Temperamente oder *Dosas* sind immer gemeinsam, aber mit unterschiedlichem Schwerpunkt, bestimmend für die verschiedenen Körper-(Konstitutions–)typen, die für bestimmte, auf dem Ungleichgewicht der Dosas beruhende Krankheiten anfällig sind.

Der Vata-Typ

ist meistens groß, schmal, knochig, mit trockener, kühler Haut, launisch und sprunghaft im Verhalten, er spricht schnell, ist anpassungsfähig, unentschlossen, schwitzt selten, ein leichter Schläfer, nervös und sensibel. Sie oder er wird zu Krankheiten des Luft-Typs neigen, einschließlich vieler Probleme nervöser Art, arthritischer oder rheumatischer Beschwerden und anderen Schmerzzuständen. Verdauungs- und Magenprobleme wie Durchfall werden mit reichlichen, schmerzhaften Blähungen und anderen Schmerzzuständen einhergehen sowie mit ungenügender Verdauungstätigkeit und geringer Flüssigkeitsausscheidung.
Ingwer ist der ayurvedischen Medizin entsprechend ein gutes Mittel gegen die Verdauungsprobleme des Vata-Typs, weil er den Verdauungsprozeß anregt und die Aufnahme der Nährstoffe fördert, den Darm wärmt und Krämpfe löst, wodurch auch Blähungen und kolikartige Schmerzen verschwinden.

Der Pitta-Typ

ist eher von mittlerer Statur, muskulös, mit warmer, rosiger Haut, weichen Haaren, ruhiger Rede, starkem Appetit, lockeren Bewegungen, Neigung zum Schwitzen, tiefem Schlaf, kritischem Charakter mit einer Anfälligkeit für Ärger und Streit. Krankheiten schließen häufig Entzündungen, Infektionen, Fieber mit ein, dieser Typ leidet unter Leberproblemen, Geschwüren und Hautausschlag.

Verdauungsprobleme sind oft »hitziger« Natur, führen also leichter zu Durchfall als bei den Vata- und Kapha-Typen. Durchfall wächst sich beim Pitta-Typ häufig zu einer bakteriellen Dysenterie aus; heiß, häufig von Fieber und Durst begleitet, mit häufigem Abgang flüssiger Stühle.

Menschen dieses feurigen Pitta-Types sprechen auf Ingwer weniger gut an, und häufig brauchen sie ihn auch nicht, weil sie von sich aus schon heiß genug sind. Einige ihrer Probleme sind sogar die Folge von zu viel Feuer. Statt des Ingwers ist für sie ein weniger zusammenziehendes, entspannendes Heilmittel für die Verdauung angezeigt, zum Beispiel Koriander, Kumin, Kümmel oder Fenchel.

Der Kapha-Typ

neigt zu schwerer, grobschlächtiger Statur, ist in seinen Bewegungen langsam, mit bleicher Gesichtsfarbe, fettigen Haaren, dicker Haut, mittelmäßiger Verdauung und einer Neigung zur Schleimbildung; er ist ein Mensch beständiger Gewohnheiten, häufig ruhig, aber gefühlsbetont, manchmal träge, langsam sprechend und tief schlafend. Krankheiten befallen die Bronchien oder den Bereich von Hals, Nase, Ohren, er leidet an Ödemen und Verschleimung, geschwollenen Drüsen, Wucherungen, Magenproblemen. Verdauungsstörungen wie Durchfall treten zusammen mit Schweregefühl, Müdigkeit und Antriebsschwäche auf und produzieren viel Schleim.

Die ayurvedische Medizin empfiehlt Ingwer als ausgezeichnetes Mittel für den Kapha-Typ, außerdem auch zusammen mit Kapha-geprägter Nahrung, wo der Ingwer dafür sorgt, daß wäßrige oder fettige Speisen richtig verdaut werden und gleichzeitig Übergewicht und Fettleibigkeit verhindern hilft, die diese Art der Nahrung besonders bei Menschen des Kapha-Typs verursacht. Er wirkt ausgleichend bei übersüßten Speisen, zu viel Milchprodukten, Getränken, Obst und Fleisch. Ingwer hat in diesem Fall eine bessere Wirkung als Pfeffer oder Senf, die, obwohl sie scharf sind, den Körper zu sehr austrocknen können. Im allgemeinen ist Ingwer für Menschen des Kapha-Typs ein gutes Gegenmittel, wenn eine Neigung zu Antriebsschwäche, Schweregefühlen, Blutandrang und Stauung überhaupt besteht.

Ein wichtiger Begriff des Ayurveda ist das *Agni*, womit das metabolische oder Verdauungsfeuer umschrieben wird. Wenn feste oder flüssige Nahrung nicht ausreichend verbrannt, bearbeitet und verdaut wird, produziert sie Giftstoffe, *Ama* genannt, die an verschiedenen Stellen des Körpers abgelagert und gespeichert werden. Die Cholesterinablagerungen in den Arterien sind ein Beispiel dieser Ama-Ansammlungen, genauso wie die Ablagerungen in den Gelenken bei Arthrose auf Ama zurückzuführen sind.

Ayurveda handhabt als therapeutische Mittel Kräuter, Öle, Yoga, Massagen, diätetische Prinzipien, Farben, Edelsteine, Minerale und ansonsten fast alles, was man sich nur denken kann. Eines der vielen Prinzipien, das uns zu einem besseren Verständnis des Ingwers führen kann, ist das der sechs Geschmacksrichtungen. Genau wie in der chinesischen Medizin werden Kräuter ihrem Geschmack nach eingeteilt. *Süß*, zum Beispiel Süßholz, Früchte (wie Datteln und Feigen), Liebstöckel und Angelica, hat schleimlösende, schmerzlindernde, harmonisierende, mild abführende, nährende Wirkung und stärkt das Immunsystem. *Salzig*, zum Beispiel Meeresalgen, hat eine enthärtende, leicht sedative, in kleinen Mengen verdauungsfördernde, in größeren Mengen abführende, entschlackende Wirkung. *Sauer*, zum Beispiel Zitrone, Yoghurt, Tamarinde und Obstessig, wirkt anregend, beruhigt den Magen, ist durstlöschend und nährend. *Scharf* wie Ingwer, Cayennepfeffer oder Knoblauch wirkt anregend und kräftigend auf den Körper, schweißtreibend, entwässernd, fördert Hitze, Verdauung und Verwertung der Nahrung im Körper. *Bitter*, zum Beispiel Aloe Vera, Wermut, Mutterkraut und Seneca, wirkt reinigend und entgiftend, entzündungshemmend und regt die Ausscheidung, das Immunsystem und die Sekretion an. Als *zusammenziehend* gelten Schafgarbe, Himbeerblätter oder Plantago, die blutstillend und wundheilend wirken, übermäßige Flüssigkeit reduzieren und vorbeugend gegen Durchfall wirken.

Ayurveda betrachtet Ingwer als die würzig-scharfe Arznei schlechthin. Er besitzt nicht die konzentrierte Schärfe von Chili oder Cayennepfeffer, die manchmal zu stark reizend wirken können. Trotzdem reicht seine Reizwirkung aus, um wie ein Energiestoß die Muskeltätigkeit anzuregen und die Blutgefäße zu weiten. Gleichzeitig versetzt er die inneren Organe, besonders des Verdauungssystems, in einen Zustand erhöhter Aktivität, weshalb man vom Ingwer sagt, daß er das *Agni* oder das Stoffwechselfeuer anfacht. Die Symptome eines reduzierten *Agni* umfassen schwache Verdauung,

mangelnde Absorption, schlechte Durchblutung, Blähungen, Verstopfung, mangelnde Abwehrbereitschaft,
Anfälligkeit für Erkältungen und Infekte, Blutandrang,
Körpergeruch, Aufgedunsenheit (weil das innere Feuer
nicht ausreicht, um den Wasserhaushalt auszugleichen). Und genau diesen Problemen wirkt Ingwer entgegen.

Wenn das *Agni* gestärkt wird, zerstört es *Ama*. Gifte und
unverdaute Schlacken werden ausgeschieden. Durch
Toxine hervorgerufene Symptome wie Übelkeit werden
bekämpft, und auf lange Sicht werden Arterienverkalkung, Allergien und rheumatische Beschwerden verhü-
tet. Auf der Grundlage dieser Erkenntnisse lassen sich
interessante Schlüsse über die Verwendung von Ingwer
ziehen. Zum Beispiel sollten wir bei einer Fastenkur
Ingwertee mit Zitrone trinken, um das Stoffwechselfeuer zu nähren; eine vollständigere Entgiftung und
weniger Müdigkeit sind die spürbaren Folgen. Wenn
wir ein Abführmittel einnehmen, kann die Wirkung so
stark sein, daß wir Krämpfe und Blähungen bekommen. Indem wir gleichzeitig Ingwer zu uns nehmen,
werden das *Agni* gestärkt und diese unerwünschten
Symptome vermieden. Tatsächlich kann jede Art von
Medizin auf dem Weg durch die Verdauungsorgane zu
unerwünschten Nebenwirkungen führen, denen Ingwer entgegenwirkt, weshalb er gern und häufig als Bestandteil in Kräutermischungen verwendet wird.

Die westliche Pflanzenheilkunde

Die Pflanzenheilkundler der westlichen Medizin haben
eine erstaunlich ähnliche Auffassung über die Verwen-

dungen des Ingwers, auch wenn ihre Ausdrucksweise sich von der ihrer asiatischen Kollegen unterscheidet. Sie beschreiben Ingwer als »stimulierendes, karminatives Mittel«, das die Verdauungstätigkeit beruhigt und unterstützt. Er besänftigt den Magen, beseitigt Blähungen, löst Krämpfe und fördert allgemein eine gute Verdauung und Absorption. Alle karminativen Kräuter enthalten ätherische Öle, einschließlich der Kräuter aus der Familie der Minzen, der Melisse und der Verbenen (als wichtiger Bestandteil der »tisane digestive« der Franzosen), Kümmel, Fenchel und Anis (der in Indien auch in den einfachsten Straßenrestaurants nach jedem Mahl gereicht wird), Zimt, Ingwer und Kamille.

Karminative Kräuter helfen gegen Blähungen und Krämpfe

Nach westlicher Auffassung wirken diese Kräuter, indem sie die glatte Muskulatur entspannen, die für die Verdauung zuständig ist. Außerdem entkrampfen sie die kleinen Muskeln um die Blutgefäße des Magens, so daß der Magen stärker durchblutet und in seiner Funktion unterstützt wird. Es gibt einige frühe europäische Forschungen, bei denen der Magen nach einer Gabe karminativer Kräuter gastroskopisch untersucht wurde. Sobald die Kräuter den Magen erreicht hatten, rötete sich die Magenwand und faltete sich stärker zusammen. Damit war bewiesen, daß diese Kräuter die Durchblutung fördern. Zusammen mit der entspannenden Wirkung läßt sich so die Vermeidung von Krämpfen und Schmerzen erklären. Eine verbesserte Durchblutung bringt bereits entstandene Gase in Bewegung und beschleunigt den Verdauungsvorgang. Deshalb ist es offensichtlich sinnvoll, wenn wir unser Essen mit diesen Kräutern würzen.

Erwähnenswert sind auch die Unterschiede in der Wirkung dieser Karminativa. Zum Beispiel wirken die Minzen erwärmend und muskelentspannend, so daß sie besonders gut gegen Magenkrämpfe verwendet werden können. Kamille hat zusätzlich noch reinigende, antibakterielle Wirkung, weshalb sie bei verdorbenem Magen angezeigt ist. Die Samen der Doldenblütler Anis, Kumin, Fenchel und Kümmel regen die Produktion der Verdauungssäfte an und haben weniger erwärmende als entspannende, verdauungsfördernde und gärungswidrige Wirkung, weshalb sie »die Räder der Verdauungsmaschinerie ölen« und besonders gut gegen Blähungen sind. Ingwer stimuliert durch seine gefäßerweiternde Wirkung die Absorption und Durchblutung. Deshalb wird er im Gegensatz zu den Doldenblütlern zu den stimulierenden Karminativa gezählt.

Diese Beschreibung paßt nicht nur zum ayurvedischen Konzept, sondern auch zu der chinesischen Anwendung des Ingwers, wo er ebenfalls geschätzt wird, weil er die Mitte erwärmt und das Verdauungsfeuer anregt. In der chinesischen Medizin sagt man dem Ingwer außerdem nach, daß er Blockierungen *auflöse*. Alle Arten von Trägheit oder krampfiger Stauung in bezug auf den Darm, das Blut, die Körpersäfte und den Energiefluß im allgemeinen werden durch Ingwer aufgelöst und in Fluß gebracht. Erbrechen, Übelkeit, Verdauungsschwäche, Gasbildung und Magenschmerzen sind nämlich in der Vorstellung der chinesischen Ärzte Folgen von »Kälte«, »Stagnation« oder »Schwäche« im Verdauungstrakt. Gegen alle diese Probleme wirkt Ingwer erwärmend, lösend, stärkend, so daß die betreffenden Organe physiologisch funktionieren können.

Sowohl die chinesische wie die ayurvedische Medizin betrachten zum Beispiel eine Krankheit wie Ruhr weniger als bakteriell bedingt, wie es die westliche Medizin tut, sondern eher als Zeichen einer »Schwäche« der Verdauung. Wie, so würden sie fragen, können sich in einer zügig fließenden Verdauung Bakterien ansiedeln? Infektionen entstehen nur dort, wo kein Durchfluß vorhanden ist, wie in einem Teich. Aus diesem Grund wird Ingwer in keinem Heilmittel gegen die Ruhr oder anderen, bakteriell bedingten Durchfall fehlen. Eine klinische Studie aus einem chinesischen Krankenhaus in Shandong berichtet, daß fünfzig an Ruhr erkrankte Patienten mit einer Paste aus 10 Gramm frischem, geriebenem Ingwer und braunem Zucker behandelt wurden und 70 Prozent innerhalb von fünf Tagen geheilt waren. Die restlichen 30 Prozent brauchten etwas länger.

Übelkeit, Erbrechen und Reisekrankheit

Im Herbst 1985 gingen achtzig kerngesunde dänische Marinekadetten an Bord des Schulschiffs »Danmark«, ein kleineres, aber voll getakeltes Segelschiff, mit dem sie in die rauhen Gewässer des Skagerrak aufbrachen. Dort trafen die unerfahrenen Segler auf eine Dünung von drei bis vier Metern, und niemand wird es überraschen, daß Zweidrittel von ihnen an Seekrankheit litten. Der Schiffsarzt stellte die üblichen Symptome fest – Übelkeit, Schwindel, Erbrechen, kalter Schweiß – und verteilte Pillen. Die Kadetten wußten nichts über den Wirkstoff in diesen Pillen, der sie vielleicht überrascht hätte. Vierzig von ihnen erhielten Placebos aus Zucker, die anderen Vierzig bekamen Pillen aus pulverisierter Ingwerwurzel. Als Dr. Aksel Groentved vom Krankenhaus Svendborg, der die Studie leitete, die Ergebnisse statistisch auswertete, konnte er eindeutig feststellen, daß es den Matrosen, die Ingwer bekommen hatten, wesentlich besser ergangen war. In einigen Fällen konnten die Symptome auf die Hälfte reduziert werden, und die Wirkung hielt mindestens vier Stunden an.

Getrockneter Ingwer ist nicht nur eindeutig wirksam gegen See- und Reisekrankheit, seine Wirksamkeit übertrifft sogar die des herkömmlich verwendeten Stoffes Dramamin. In einer Studie an der Brigham Young University in Provo, Utah, USA, ließen sechs-

Getrockneter Ingwer hilft bei Reisekrankheit unddreißig Studenten eine höchst unangenehme Prozedur über sich ergehen, bei der sie mit verbundenen Augen und seitlich gehaltenem Kopf auf einem Drehstuhl saßen, der zusätzlich das Auf und Ab und Hin und Her, eben die Bewegungen eines heftigen Seegangs simulierte. Einige erhielten Kapseln mit dem Wirkstoff Dramamin, einige Placebos und der Rest ein knappes Gramm getrockneten Ingwer. Keiner der Studenten wußte, was er oder sie bekommen hatte, noch kannten sie das Forschungsziel der Studie. Alle Symptome wurden aufgezeichnet. Keiner aus der Placebo-Gruppe konnte die volle Versuchsdauer von sechs Minuten durchhalten. Sie alle fühlten sich hundeelend, und nach drei Minuten erreichten ihre Symptome den Skalenwert 900. Die Studenten der Dramamin-Gruppe hielten etwas länger durch: Nach vier Minuten erreichten sie einen Skalenwert von ungefähr 550, aber die vollen sechs Minuten schafften sie nicht. Nur die Ingwer-Gruppe hielt die gesamte Dauer durch, nach sechs Minuten hatten sie Werte um 200 herum erreicht.

Derartige Studien sind vielfach wiederholt worden und haben den Ingwer allgemein als optimal wirksames natürliches Mittel gegen Reisekrankheit etabliert. Bekannt ist, daß die herkömmlichen Wirkstoffe wie Dramamin im Nervensystem des Gehirns ansetzen, wo

die Symptome entstehen, weshalb sie aber Nebenwirkungen wie Schläfrigkeit und Antriebsschwäche her-
vorrufen können. Aus diesem Grund sind sie für Auto-
fahrer, Seeleute, Astronauten, eben jene, die sie am nö-
tigsten brauchen, ungeeignet, und die NASA hat
schnell damit angefangen, Ingwer als mögliches Medikament für die Besatzungen von Raumfähren zu testen.
Leider kam man zu der Auffassung, daß Ingwer in der
Raumfahrt keine signifikante Wirkung gegen die der
Seekrankheit entsprechenden Symptome hat. Wir wissen nicht, wie dieser wissenschaftliche Konflikt zu erklären ist, und bislang wurden auch zu wenig Einzel-
heiten veröffentlicht, um Vermutungen anstellen zu
können.

Im Fernen Osten ist Ingwer ein weitverbreitetes Mittel
gegen Reisekrankheit, und westliche Reisende berichten, daß die Reisebusse in China von Schwaden des
Ingwergeruchs durchzogen werden, weil die Insassen
von Zeit zu Zeit ein Stückchen dieser Pflanze kauen. Es
hat sich erwiesen, daß etwa ein Gramm getrockneter
Ingwer, eine halbe Stunde vor Beginn der Reise genommen, optimale Wirkung hat.

Übelkeit und Erbrechen können eine Vielzahl von
Gründen haben. Gibt es Fälle, in denen Ingwer nicht
ratsam ist? Gelegentlich kann es besser sein, Erbrechen
herbeizuführen als zu verhindern. Wenn Übelkeit
durch Gift oder verdorbene Speisen verursacht ist,
dann können die Pflanze Lobelia oder ein Teelöffel Salz
auf ein Glas Wasser das erwünschte Erbrechen bewirken. In einigen Fällen hat Übelkeit auch nervliche Ursachen, so daß die Einnahme pflanzlicher Heilmittel
von entspannenden Maßnahmen begleitet werden
sollte. In diesem Fall kann die Besserung durch Wärme
und Schlaf vielleicht lieber durch Minze oder Kamille

statt Ingwer unterstützt werden. Übersäuerung, Magengeschwüren und Magenverstimmung begegnen sowohl
westliche wie östliche Mediziner lieber mit aromatischen, bitteren Kräutern, um die Produktion von Ma-
gensäften anzuregen. Dazu zählen Enzian, Aloe Vera,
Eibisch, Boldo (die Knospe eines chilenischen Immer-
grüns) und Angelika.

Morgendliche Übelkeit und Nebenwirkungen von Medikamenten

Ein anderer Aspekt ist die Tatsache, daß Ingwer wie ein
stärkender Balsam auf den Magen selbst wirkt – statt im
Gehirn, wie viele moderne Medikamente, so daß die Ursachen des Übels etwas in den Hintergrund treten können. Zum Beispiel ist Ingwer als Tee, ansonsten aber
auch in Form von Tabletten oder Kapseln, vielleicht das
beste Mittel gegen die morgendliche Übelkeit während
der Schwangerschaft. Eine neuere klinische Studie wurde im *European Journal of Obstetrics and Gynaecology* veröffentlicht. Dreißig schwangere Frauen, die an der
schwersten Form morgendlicher Übelkeit (Hyperemesis
Gravidum) litten, bekamen ein Gramm pulverisierten
Ingwer täglich, wodurch ihre Beschwerden weitgehend
gelindert wurden, in einigen Fällen sogar ganz verschwanden.
Natürlich sollten während einer Schwangerschaft so
wenig Arzneimittel wie möglich eingenommen werden,
und auch Kräuter in größeren Mengen zählen unbedingt dazu, weshalb eine vorsichtige Dosierung drin-
gend angeraten ist. Wir sollten uns unbedingt vor
Augen führen, daß morgendliche Übelkeit keine not-

wendige Begleiterscheinung einer Schwangerschaft ist, sondern die Folge eines gestörten Gleichgewichts im Körper durch vom Fötus stammende Toxine, die nicht richtig ausgeschieden werden. Der Körper versucht, durch Erbrechen eine Entlastung von diesen Giftstoffen zu erreichen. Naturheilkundler und Heilpraktiker raten deshalb in diesen Fällen zu einer Ernährung, die das Blutbild verbessert. Alfalfa, Brennessel, Hafer, Kelp, Blütenpollen, Spirulina (eine nährstoffreiche Alge) und Vitamin-B-Komplex können dazu beitragen.

Übelkeit und Erbrechen können auch als Nebenwirkung vieler Medikamente, Drogen, Gifte, Anästhetika sowie von im Körper angesammelten Toxinen auftreten. Ingwer ist in diesen Fällen ein hochwirksames Mittel. Diese Tatsache wird besonders durch die wichtige, schon im ersten Kapitel erwähnte Studie mit sechzig Patienten des St. Bartholomew's-Hospital unterstrichen, bei der Ingwer als Mittel gegen postoperative Übelkeit und Erbrechen untersucht wurde. Diese Nebenwirkungen werden von den Anästhesiemitteln verursacht und sind wegen der Schwäche der Patienten besonders unangenehm und schwierig zu behandeln. Es liegt auf der Hand, daß Ärzte in diesem Zustand nur ungern zusätzlich beruhigende Mittel verabreichen. Ein halbes Gramm Ingwer wurde Frauen vor einer größeren gynäkologischen Operation gegeben, während eine Vergleichsgruppe zehn Milligramm Metoclopramid, ein konventionelles Mittel gegen Übelkeit, erhielt. Die dritte Gruppe bekam ein Placebo. Alle Frauen, die Ingwer bekommen hatten, litten deutlich weniger an Übelkeit und Erbrechen. Keine der Frauen, die Ingwer bekommen hatten, benötigte nach der Operation ein Mittel gegen Übelkeit, was in den Vergleichsgruppen eher die Regel war. Die Autoren, Dr. Bone und seine Kollegen, betonen, daß »die Rate (von Übelkeit und Erbrechen nach Operationen) in den letzten fünfzig Jahren trotz der Entwicklung vieler neuer Medikamente gegen diese Symptomatik gleichbleibend bei 30 Prozent gelegen habe ... und Ingwer den großen Vorteil hat, keine bekannten Nebenwirkungen zu verursachen«.

Es überrascht nicht, daß diese Erkenntnis in Indien, wo das traditionelle Heilwesen noch intakt ist, schon früher in die Praxis umgesetzt wurde. In einigen Krankenhäusern wird dort ein spezielles Medikament auf Ingwer-Basis namens Gasex postoperativ zur Vorbeugung

Übelkeit nach Anästhesien kann durch Ingwer vermieden werden gegen Übelkeit, Blähungen und andere Darmbeschwerden eingesetzt. Klinische Tests beweisen eine gute Wirksamkeit. Inzwischen hat man am St. Bartholomew's-Hospital in London mit einer langfristig angelegten Studie begonnen, die vermuten läßt, daß Ingwer auch als Mittel gegen quälende Übelkeit und Erbrechen bei Chemotherapie gegen Krebs geeignet wäre.

Ausschwemmung von Giftstoffen

Wir haben schon gesagt, daß Ingwer der ayurvedischen Medizin zufolge das *Agni* stärkt, das als jene Kraft gilt, die die Bestandteile der Nahrung in Körpersubstanzen umwandelt und damit gleichzeitig für den Abbau von Toxinen sorgt. Wenn wir jetzt daran denken, wie Ingwer die Gefäße weitet, die Körpersäfte ins Fließen bringt, die Ausscheidung der Gallenflüssigkeit (zur Ausscheidung der Abfallstoffe aus der Leber) stimuliert und die Schweißproduktion anregt, dann ist es nur logisch, in Ingwer auch ein Mittel zur Ausscheidung von

Schlacken und Toxinen zu sehen. Je länger diese giftigen Stoffe im Körper lagern, desto größer ist der Scha-
den, den sie anrichten können. Ein weiteres Beispiel,
um das bewährte Bild vom stehenden Wasser eines Tei-
ches ins Feld zu führen.

In der traditionellen chinesischen Medizin ist die Ausschwemmung von Giftstoffen eines der wichtigsten
Anwendungsgebiete des Ingwers. Er wird als Gegenmittel bei Vergiftungen durch verdorbene Speisen, durch
Drogen und überdosierte Heilkräuter gegeben. Ein
wichtiger Grund, weshalb er in so vielen medizinischen Kräutermischungen auftaucht, ist deshalb auch,
daß er den giftigen Bestandteilen der anderen Kräuter
entgegenwirkt. Auch die Ärzte und Pflanzenheilkundler der westlichen Welt haben diesen Vorteil erkannt.
Peter Holmes erinnert in seinem grundlegenden Werk
The Energetics of Western Herbs (»Die Heilkräfte der
Kräuter des Abendlands«), das einen ausgezeichneten
Überblick über das wahre Wesen, die Eigenschaften
und Anwendungen Hunderter Kräuter bietet, an diese
Eigenschaft des Ingwers. Er zitiert Henry Barham, der
schon 1794 feststellte, daß »Ingwer ein Korrektiv für
viele Arzneimittel ist, deren Übel er wegnimmt«.

Im modernen China wird Ingwersaft als Notfall-Medi-
zin gegen Vergiftungen eingesetzt: Man nimmt fünf
Milliliter Ingwersaft zum Gurgeln und schluckt ihn anschließend, danach wird alle vier Stunden ein weiterer
Teelöffel verabreicht. Anzunehmen ist, daß dieser Saft
eine heftige Schweißabsonderung hervorruft sowie
gleichzeitig den Körper wärmt und den Stoffwechsel
anregt, so daß Ingwer besonders gut gegen solche Gifte
eingesetzt werden kann, die den Körper sehr schwä-
chen. Die moderne Medizin setzt in diesen Fällen

ebenfalls stimulierende Mittel ein, eventuell sogar zusätzlich einen leichten Klaps auf die Backe.

Die Gesundung der Verdauung

Im ersten Kapitel habe ich eine Liste von Gründen angeführt, warum wir unsere Speisen regelmäßig durch Kräuter und Gewürze ergänzen sollten. Einige dieser Gründe hängen mit der verdauungsfördernden Wirkung dieser Pflanzen zusammen. Im Rückgriff auf das Wissen der ayurvedischen Medizin möchte ich hier kurz noch einige andere Probleme der Verdauung beleuchten.

Diarrhoe kann viele Ursachen haben, zum Beispiel Ruhr, Lebensmittelvergiftung, falsches Essen, nervliche Überlastung, Viren oder parasitäre Infekte. Wir haben gesehen, daß Ingwer, außer bei den Pitta-Typen, angewendet wird, um die Absorption im Darm zu fördern, zusammen mit anderen Gewürzen wie Kardamom und Koriander sowie einer sanften Vollkorn-Diät. Zusätzlich kommen adstringierende Kräuter wie Heidelbeere, Storchschnabel, Blutwurz oder Knoblauch in Betracht, um die Infektion zu bremsen und bei entzündlich-wäßriger Ausscheidung die Resorption der Flüssigkeit im Darm zu fördern. Der indischen Klassifikation zufolge kann Diarrhoe in vielen unterschiedlichen Formen auftreten. Vata-Typen leiden unter starken Schmerzen, Krämpfen, Blähungen bei mäßiger Flüssigkeitsausscheidung, während Kapha-Typen an einer kühlen, schleimigen Form der Diarrhoe erkranken. Das oben beschriebene Vorgehen ist für beide anzuwenden. Auf der anderen Seite leidet der Pitta-Typ an einer heißen, wäßrigen, bakteriellen Diarrhoe, die nicht mir wärmenden Kräutern geheilt wird. Hier sind bittere Kräuter angezeigt: Enzian, Wermut oder Hydrastis canadensis.

Verstopfung ist das Gegenbild der Diarrhoe und ebenfalls Folge vieler verschiedener Ursachen, besonders aber einer langfristigen Mangelernährung ohne Ballaststoffe aus Rohkost und Gemüse, mangelnder Bewegung, Angst, Übererregung oder Arbeitsüberlastung, Medikamente sowie anderer Faktoren, die eine Verlangsamung der normalen Bewegung der Nahrung durch den langen, gewundenen Weg der Verdauung bedingen. Auch durch Verstopfung lagern sich Giftstoffe im Körper ab, die langfristig Gesundheitsschäden nach sich ziehen können, einschließlich rheumatischer Beschwerden, Lebererkrankungen, Nervenleiden wie etwa chronische Kopfschmerzen, und eine schlechte Immunlage. Diese Dinge sind inzwischen allgemein bekannt, so daß Ihr Hausarzt es nicht versäumen wird, nach dem Stuhlgang zu fragen, wenn es um die Klärung der Ursachen einer chronischen Erkrankung geht. Im allgemeinen läßt sich Verstopfung durch eine Nahrungsumstellung beseitigen, die von einer Fastenkur mit ausschließlich Obst und Gemüsesäften eingeleitet wird. Auch ein Einlauf, Sauna und andere Entgiftungsmethoden sind nützlich. Anschließend wird eine ballaststoffreiche Diät mit Haferflocken, Kleien, Salat und Gemüsen verordnet, dazu können Yoghurt, Vollkornprodukte, Obst, getrocknete Pflaumen, Nüsse, kaltgepreßte Öle ein übriges tun. Verstopfung beim Vata-Typ liegt häufig an mangelnder Flüssigkeitszufuhr im Darm, die sich auch in Blähungen, Schmerzen, aufgeblähtem Bauch und Kopfschmerzen bemerkbar macht. In diesem Fall ist es vielleicht etwas schwieriger, die

Verstopfung zu beheben. Quellende Abführmittel wie Psyllium oder Leinsamen sind in diesem Fall angeraten. Auch Rizinusöl oder einfach Olivenöl können gute Wirkung haben. Bei anhaltender Verstopfung greifen wir zu stärkeren Mitteln wie Rhabarber oder Senna. In allen Fällen ist Ingwer zusammen mit anderen Gewürzen nützlich, um den Verdauungsprozeß in Gang zu halten und die heftige Wirkung der Abführmittel auszugleichen.

Leidet der Kapha-Typ, dessen Element das Wasser ist, unter Verstopfung, dann geht diese mit der Bildung von viel zähem Schleim einher und wirkt sich auch auf den Brustraum und den Hals aus. Betroffene fühlen sich schwer und müde, häufig haben sie Übergewicht. In diesen Fällen sollten keine quellenden Abführmittel angewendet werden, weil sie zusätzlich Schleim produzieren. Hier sind bittere Mittel angezeigt: Aloe Vera und Senna, zusätzlich zu einer Fastenkur und viel Bewegung. Und wieder sind auch Ingwer und andere scharfe, stimulierende Gewürze wie Pfeffer wirkungsvoll.

Schließlich der Pitta-Typ, bei dem Verstopfung häufig mit Fieber einhergeht, so daß er Durst hat, unter Völlegefühl leidet und aufgebläht ist, schwitzt und Schmerzen hat. Er sollte viel trinken, dazu wenig leichte, kühlende Kost mit hohem Rohkostanteil essen und ein mildes, bitteres Abführmittel wie Faulbaumrinde, Aloe oder Sauerampfer einnehmen. Von Ingwer und anderen scharfen Gewürzen wird abgeraten.

Ingwer und Absorption

In der ersten Hälfte dieses Jahrhunderts war es üblich, viele Gesundheitsprobleme als Folge einer gestörten Darmflora zu betrachten. Dementsprechend nahm man an, Gewürze seien deshalb hilfreich, weil sie durch ihre antibakterielle Wirkung verhindern, daß sich die falschen Bakterien massenhaft im Darm ansiedeln. Inzwischen wissen wir, daß die Gewürze durch ihre ätherischen Öle zwar tatsächlich antibakteriell wirken und als Antioxidantien die Nahrung haltbar machen, damit aber nur ein Teil ihrer Gesamtwirkung erklärt ist. Im Fall des Ingwers haben Laborstudien gezeigt, daß er im Dickdarm jenen Bakterien entgegenwirkt, deren Nährboden die bis dahin unverarbeiteten Zucker (zum Beispiel aus schwerverdaulichen Hülsenfrüchten) sind und die eine lästige Bildung von Gasen verursachen. Ebenso weiß man inzwischen um die entscheidende Funktion des Ingwers, eine bessere Verdauung und Aufnahme der Nährstoffe im Magen-Darm-Trakt zu bewirken. Dies trägt zur Vermeidung von Blähungen und anderen Verdauungsstörungen mehr bei als die antibakterielle Wirkung, die der Ingwer im relativ kurzen Abschnitt des Dickdarms entfaltet.

Die Forschung über die Möglichkeiten, die der Ingwer im Bereich der Verdauung entfaltet, ist allerdings bislang noch lückenhaft. Es gibt deutliche Hinweise, daß Ingwer genauso wie andere Gewürze die Sekretion der Verdauungssäfte fördert. Wir haben bereits erwähnt, daß eine durchblutungsfördernde Wirkung im Bereich der Magenwände angenommen werden darf, außerdem wurde erkannt, daß er ein erstklassiges Cholagogum ist, d. h. die Gallensaftsekretion anregt, mit positivem

Effekt auf die Verdauung der Fette und die Ausscheidung von Abfallstoffen. Aber das sind bisher nur im Tierversuch bestätigte Wirkungen, deren Überprüfung am Menschen noch aussteht, so daß die Wiederaufnahme des Ingwers in den offiziellen Katalog westlicher Arzneimittel in weiter Ferne liegt.

Einer der Gründe, weshalb Ingwer als Bestandteil so vieler Heilmittel der traditionellen chinesischen und indischen Medizin auftaucht, liegt in seiner die Absorption anderer Wirkstoffe fördernden Wirkung. Häufig wird Ingwer als Begleiter und Führer beschrieben, der andere Stoffe an den Ort ihrer Bestimmung bringt.

Vitamine, Nähr- und Wirkstoffe können besser absorbiert werden Es gibt tatsächlich auch wissenschaftliche Hinweise aus Indien, daß Ingwer die Aufnahme anderer Arzneimittel verbessert und dabei gleichzeitig den Magen vor Reizwirkungen von Mitteln wie Aspirin und ähnlichen, nicht-steroiden entzündungshemmenden Mitteln schützt.

Darin besteht vielleicht eine der interessantesten Anwendungsmöglichkeiten des Ingwers überhaupt, insofern er nicht nur eine geregelte Verdauung unterstützt, sondern gleichzeitig die Aufnahme der wirksamen Bestandteile von Medikamenten und Kräutern sowie von Vitaminen und anderen wichtigen Nahrungsstoffen verbessert. Das würde in der Konsequenz bedeuten, daß wir bei gleichzeitiger Einnahme von Ingwer die Dosis anderer medizinisch wirksamer Stoffe senken könnten, mit dem Vorteil erhöhter Sicherheit und verminderter Nebenwirkungen. Es würde auch bedeuten, daß Ingwer als Gewürz unserer täglichen Nahrung eine bessere Versorgung des Körpers mit existentiellen Stoffen fördert, verbunden mit dem weiteren Vorteil, daß er unsere durch Medikamente und Fehlernährung häufig überlasteten Verdauungsorgane vor schädlichen Einflüssen bewahrt.

Ingwer selbst wird vom Körper erstaunlich schnell aufgenommen. Forschungen haben gezeigt, daß die scharf-würzigen, energiegeladenen Moleküle wie kleine Rennboote durch die Blutbahn flitzen. In Sekundenschnelle haben sie die Magenwand passiert. Kein Wunder, daß sie die Gefäße für nachfolgende Stoffe öffnen.

Im siebten Kapitel werden wir feststellen, wieviel Wahrheit in dem berühmten Vers eines englischen Märchens steckt:

»Lauf, lauf, lauf, du hältst mich nicht auf,
ich lauf geschwind wie der Wind, bin das Ingwerbrotkind!«

Zusammenfassung

Gerade im Verdauungsapparat kommt die anregende Kraft des Ingwers zum Tragen. Ayurvedische Medizin und westliche Pflanzenheilkunde sind sich darin einig, daß dieses Gewürz in starkem Maße die Tätigkeit des gesamten Magen- und Darmtraktes stimuliert. Dadurch sorgt es für eine raschere Ausscheidung von Schlacken und Giftstoffen, deren Ansammlung im Körper zu Krankheiten wie Arthrose, Arterienverkalkung und Allergien führen kann.

Übelkeit und Erbrechen werden mit Ingwer therapiert. Bei morgendlicher Übelkeit von Schwangeren, Reisekrankheit und postoperativem Erbrechen zeigt er seine heilende Wirkung, und zwar ohne daß riskante Nebenwirkungen zu befürchten sind.

4. Ingwer gegen Husten, Erkältung und Schmerzen

Es geht die Rede, der englische König Heinrich VIII. sei felsenfest der Überzeugung gewesen, daß Ingwer gegen die Pest hilft, weshalb er ihn seinen Untertanen empfahl. In der Folge fingen alle an, Ingwerbrot zu essen, das in der Form kleiner Männer mit runden Bäuchen gebacken wurde. Ob dies dem König zum Gehorsam oder zum Spott gereichte (er war ziemlich dick) oder womöglich Relikt eines heidnischen Brauchs war, das können wir nur raten. Jedenfalls ist das der legendäre Ursprung des Ingwerbrotmännchens.

In den Zeiten der Pest muß der Verzehr von Ingwer für die Leute wie ein letzter Strohhalm gewesen sein, an den sie sich klammerten. Wir wissen, daß Ingwer natürlich kein Antibiotikum ist. Aber er hat andere nützliche Wirkungen bei Erkältungen, Grippe, Virusinfekten, Husten, chronischer Bronchitis und verschiedensten Arten harmloser Infektionen. Wir haben gesehen, daß er den Körper wärmt, die Durchblutung anregt und die körpereigene Immunabwehr anregt. Diese Wirkungen sind auch der modernen Medizin nicht entgangen, zumindest ist es noch nicht allzu lange her, daß Ingwer in den Handbüchern der Pharmakologie noch als Mittel gegen Husten und Erkältungen auftauchte, zusätzlich zu den Indikationen als Karminativ (Mittel gegen Blähungen) und Appetitanreger.

Ingwer wirkt nicht direkt auf Viren oder Bakterien. Es ist auch kein schleimlösendes Mittel, das selbst ein Abhusten des gestauten Schleims bewirken kann. Statt dessen bewirkt er eine Erleichterung durch verstärkte Zufuhr von Blut und anderen Körperflüssigkeiten (Lymphe) und erwärmt die betroffene Region. Auf diesem Weg werden die Abwehrmechanismen des Körpers angestachelt und aus ihrer bequemen Untätigkeit gebraucht. Bei Husten bewirkt Ingwer also durch die vermehrte Sekretion eine Verdünnung des Schleims, so daß er leichter abgehustet werden kann; zusätzlich werden durch vermehrtes Schwitzen Toxine und Viren über die Haut ausgeschieden, oder durch die normale Temperatur übersteigende Erwärmung wird ihnen das Milieu ungemütlich; die Immunlage ist durch die vermehrte Anwesenheit weißer Blutkörperchen gebessert, und die verbesserte Durchblutung bringt die Agenten des Immunsystems auch in die entlegensten Ecken des Körpers. Auch Senfpflaster sind ein altbewährtes Volksmittel gegen Bronchitis – und sie wirken auf die gleiche Art wie der Ingwer.

Erkältungen heilen

Erkältungen, Schnupfen, Bronchitis, Grippe und Katarrhe sind allesamt Zeichen dessen, was die Chinesen als »Eindringen von Kälte oder Feuchtigkeit« bezeichnen: Kälte oder Feuchtigkeit bedingt durch Wetter oder Umgebung sind ins System des Körpers eingedrungen, wo man ihnen am besten mit wärmenden, scharf-würzigen, schweißtreibenden Mitteln begegnet. Die chinesischen Ärzte würden dabei unterstreichen, daß es sich um von außen kommende Faktoren handelt, die sich in den äußeren Körperregionen, nicht etwa im Zentrum, bei den inneren Organen, niederschlagen. Deshalb ist es erwünscht, daß der Ingwer seine Wirkung an der Oberfläche entfaltet und dort Schwitzen und verbesserte Durchblutung sowie Flüssigkeitszufuhr bewirkt. Wie wir schon im zweiten Kapitel gesagt hatten, eignet sich zu diesem Zweck frischer Ingwer besser als getrockneter, der eher für innere Erwärmung sorgt und weniger Schweißproduktion verursacht.

Es gibt viele Möglichkeiten, einer Erkältung zu begegnen. Im Anfangsstadium sollten wir heißen Ingwer-Tee mit Zitrone und Nelke trinken, ersatzweise auch Ingwer-Tabletten einnehmen. Vitamin C hat sich bei herannahenden Viruserkrankungen als sehr nützlich erwiesen, weil so die Erkrankung schon früh bekämpft, wenn nicht sogar im Keim erstickt werden kann. Dazu

Ingwer-Tee, Vitamin C, Salbei und andere Kräuter bekämpfen die Erkältung

sollten wir gar nichts oder nur wenig und keine Fette und Milchprodukte essen, die alle schleimbildend sind und die zähe Sekretion des Kapha-Typs zur Folge haben. Wenn sich die Erkältung festgesetzt hat, dann muß es darum gehen, gleichzeitig den Schleim wieder loszuwerden und den Körper zu erwärmen. Jetzt rate ich dazu, mit mentholhaltigem Balsam zu inhalieren und Salbei-Tee zu trinken. Auch kleine Mengen des Balsams (bei Kindern Majoranbutter), an den Naseneingängen eingerieben, haben gute schleimlösende Wirkung, und bei Kopfschmerzen oder Beteiligung der Nebenhöhlen können wir etwas Balsam auf Stirn und Schläfen einmassieren. Salbei ist ein gutes Mittel, um fließenden Schnupfen und nasse Sekrete insgesamt zu »trocknen« und deshalb in diesen Fällen ebenfalls ein willkommener Helfer. Auch Knoblauch und Zwiebeln kleingehackt in Honig (hört sich furchtbar an, schmeckt aber nicht schlecht) wirken als selbstgemachter Hustensaft. Und zusätzlich zu allen diesen Mitteln sollten wir den Ingwer nicht vergessen, der uns hilft, die Krankheit auszuschwitzen und sicherstellt, daß der Körper derart erwärmt wird, daß für Kälte und Feuchtigkeit kein Platz ist. Das kann genau die Weichenstellung sein, die entscheidet, ob eine Erkältung sich ewig hinzieht oder einfach ihre Zeit braucht, um dann wirklich überwunden zu sein. Andere Kräuter bei Erkältungen sind Holunderblüten und -beeren, Zitronenbalsam und ein Tee aus Katzenminze. Sie alle haben gleichermaßen mild erwärmende wie schleimverflüssigende Wirkung, weshalb sie besonders gegen Bronchialerkrankungen helfen.

Bei Husten ist weißer Andorn das klassische Mittel, außerdem Alantwurzel und Huflattich. Sie wirken schleimreduzierend und beruhigend auf den Brustraum. Sie können der bis dahin verwendeten Kräutermischung hinzugefügt werden, wenn auf der Höhe der Erkrankung Husten auftritt. Die Wirkung wird durch die Kombination mit Süßholz (Lakritz) und Ingwer noch verbessert, weil die Wirkstoffe schnell und effektiv in Lunge, Brust und im gesamten Körper verteilt werden.

Ingwer bei Fieber

Im Fall einer Grippe, oder überhaupt virusbedingter fiebriger Infekte, ist es wichtig, sich genau mit der Anwendung des Ingwers auszukennen. Er sollte genommen werden, wenn das Fieber mit Schüttelfrost, kalten Händen und Füßen und Wärmebedürfnis überhaupt einhergeht. Ebenfalls nützlich ist er, wenn wir uns wie zerschlagen, aber unruhig fühlen und das Fieber zu niedrig ist, um eine Gesundung zu bewirken und deshalb ewig zu dauern scheint. In diesen Fällen kann frischer, geriebener Ingwer als Tee mit Honig und Zitrone dem Fieber zum Durchbruch verhelfen, weil er die Wärme an die Oberfläche treibt, auch Hände und Füße wärmt, Schwitzen bewirkt und die ersehnte Krise – so wird es genannt – bringt, bei der reichlich geschwitzt wird und nach der das Fieber plötzlich wieder sinkt, so daß wir uns bald wie neugeboren fühlen. Dagegen sollte Ingwer nicht genommen werden, wenn das Fieber hoch ist, der Patient sich heiß und trocken anfühlt oder hochrot und schwitzend im Bett liegt. In diesen Fällen geht es darum, die Temperatur zu senken.

Die oben beschriebene Anwendung des Ingwers bedeutet nicht mehr, als die natürliche Heilung zu beschleunigen und dabei den entgegengesetzten Weg zu beschreiten, als den der Verwendung fiebersenkender Medikamente wie Paracetamol, bei denen die Krankheit sich häufig lange hinzieht ohne auszuheilen.

Fieber ist nichts, wovor wir uns fürchten müßten. Es ist die natürliche Abwehrreaktion des Körpers auf Viren, die durch die erhöhte Temperatur an der Vermehrung gehindert werden. Der Kopf ist dabei die Körperregion, die auf das Fieber am empfindlichsten reagiert, aber schon ein nasser Waschlappen reicht häufig aus, um ihn zu schützen, ansonsten haben sich auch Wadenwickel (nie kalt!) oder Ganzkörperwaschungen mit lauwarmem Wasser bewährt.

Japanische Forscher haben im Tierversuch gezeigt, daß Ingwer gut gegen Husten wirkt, allerdings wurden dabei hohe und nicht repräsentative Dosierungen verwendet. Eine sorgfältige Studie über die Wirkung von Ingwer bei Fieber wurde von Dr. N. Mascolo von der Universität Neapel zusammen mit Kollegen von der Universität Rajasthan in Indien durchgeführt. Sie konnten feststellen, daß Ingwer im Tierversuch fiebersenkende Wirkung hat, aber keine Temperaturveränderung bewirkte, wenn die Tiere kein Fieber hatten. Dabei war Ingwer fast genauso wirksam wie Aspirin. Sie stellten zum ersten Mal die Vermutung an, daß Ingwer, ähnlich wie Aspirin, eine reduzierte Produktion von Prostaglandinen bewirkt. Diese Tatsache haben wir bereits im zweiten Kapitel erwähnt. Natürlich sind Ingwer und Aspirin nicht das gleiche, und die Studie ist in diesem Punkt stark vereinfachend, aber es ist ein Anfang.

Rheumatische Beschwerden

Steifheit, Langsamkeit und Schmerzen infolge rheumatischer Zustände werden in der chinesischen Medizin, wie schon im zweiten Kapitel erwähnt, als Auswirkung von in den Körper eingedrungener Kälte oder Feuchtigkeit gesehen – eine Sichtweise, die wetterfühlige Rheumatiker wahrscheinlich leicht nachvollziehen können. Der gesamte Prozeß, bei dem die Gelenke ihre Leichtgängigkeit verlieren und wie in Kälte erstarren, wird in China als Abkühlung, in der westlichen Medizin als Atrophie beschrieben. Ingwer ist eines der klassischen Heilmittel für diese Symptome, sowohl bei äußerer als auch bei innerer Anwendung. Weil die Wärme in der Nähe der Körperoberfläche benötigt wird, kommt hauptsächlich frischer Ingwer in Betracht. Trotzdem kann auch getrockneter Ingwer zur Vorbeugung gegen diese Symptomatik dienen.

In China wird in solchen Fällen frischer Ingwer-Tee getrunken, außerdem wird er anderen Kräutermixturen zugesetzt. Chinesische Ärzte geben auch Ingwer-Spritzen in die benachbarten Akupunkturpunkte der vom Rheuma befallenen Gelenke. Auch Ingwerbreiumschläge sind eine bewährte Behandlungsform. Während einer klinischen Untersuchung des Guangdong-Forschungszentrums über die Anwendungen medizinisch wirksamer Pflanzen wurde die Methode, Ingwerextrakt per Injektion zu verabreichen, an 113 Patienten mit rheumatischen Problemen oder chronischen Rückenschmerzen getestet. Die Patienten bekamen täglich Injektionen in die Umgebung der rheumatischen Gelenke. Dabei wurden Brennen, Taubheit oder Schmerzen beobachtet, die aber schnell wieder abklangen. Die Methode bewirkte eine deutliche Verbesserung des Zustands mit einer Reduzierung von Schmerzen, Schwellung und Steifheit bei 90 Prozent der Rheumapatienten. Gegen Rückenschmerzen erwies sich die Methode als etwas weniger wirkungsvoll. 38 Patienten litten an rheumatischer Arthritis, von denen 14 ganz geheilt, weitere 14 wesentlich gebessert und 6 Patienten mit immerhin weniger Schmerzen aus der Krankenhausbehandlung entlassen werden konnten. Den restlichen 4 Patienten hatte diese Behandlung nicht helfen können.

Natürlich würde es kaum ein Europäer wagen, sich frischen Ingwer in die Gelenke spritzen zu lassen, und selbstverständlich sollten derartige Methoden erfahrenen Ärzten oder Heilpraktikern überlassen bleiben. Aber bei ausreichender Dosierung dürfte auch der orale Gebrauch eine deutliche Besserung bewirken. Ein Be-

richt in der Zeitschrift *Medical Hypothesis*, verfaßt von
Dr. Srivastava, der uns schon durch ande-
re Forschungen bekannt geworden ist,
beschreibt 7 Patienten mit rheumatischer Arthritis, deren Zustand sich durch
die Einnahme frischen Ingwers deutlich besserte. Dabei lag die durchschnittliche Dosis bei ungefähr dreißig Gramm täglich.

Rheumatische Arthritis wird mit frischem Ingwer behandelt

Die Behandlung rheumatischer Zustände ist nicht einfach und kann nicht eingleisig durchgeführt werden,
weder durch Kräuter, noch durch Homöopathie oder
konventionelle Medizin. Viele Mittel kommen in Frage,
abhängig von der individuellen Konstitution sowie der
jeweiligen Symptomatik, körperlichen Allgemeinver-
fassung und vielleicht fortgeschrittenem Verlauf der
Erkrankung. Die indische Medizin betrachtet Erkrankungen aus dem rheumatischen Formenkreis als Ablagerung von Toxinen, *Ama*. Die Behandlung zielt deshalb immer auf eine Reinigung des Körpers, so daß milde Abführmittel und leberstärkende Mittel im Vordergrund stehen, weil die Leber das Klärwerk des Körpers
ist. Ingwer, Galgant und andere Gewürze werden verwendet, um das *Agni* oder Verdauungsfeuer anzufachen, damit toxische Stoffe verbrannt werden können.
Kurkuma kommt wegen seiner entzündungshemmenden Stoffe ebenfalls zur Anwendung.

Zusätzlich gibt es spezielle Kräuter zur Behandlung von
Knochen und Gelenken, die Beweglichkeit und Gleit-
fähigkeit verbessern können. Eines der für die ayurvedische Medizin wichtigsten ist Guggul, eine mit der
Myrrhe verwandte harzhaltige Pflanze. Zur Herstellung
harzhaltiger Tabletten wird die Pflanze zusammen mit
anderen Kräutern gekocht. Diese Tabletten werden in
Indien gegen arthritische und rheumatische Beschwer-

den verordnet, besonders wenn sie mit Arteriosklerose einhergehen.

Die westliche Pflanzenheilkunde wendet das gleiche Prinzip an, wenn sie bei der Behandlung dieses Krankheitsbildes versucht, gleichzeitig die Verdauung und die Leberfunktion zu stärken. Zu diesem Zweck werden Kräuter wie Löwenzahnwurzel und Klette eingesetzt. Ebenso wie in der ayurvedischen Medizin dienen die Samen von Sellerie und Petersilie zusammen mit Wacholder der Blutreinigung, zusätzlich wird durch verbesserte Durchblutung und erhöhte Harnmenge der Abbau von Schlacken erreicht. Außerdem können Teufelskraut, Yucca, Brennessel, Wanzenkraut und Mädesüß zu einer Linderung der rheumatischen Beschwerden beitragen. Auch sie werden häufig in Kombination mit Ingwer oder Cayennepfeffer angewendet.

Menstruationsbeschwerden

Beinahe alle Probleme, die auf stagnierende Energie, besonders aber auf stagnierende Flüssigkeiten zurückzuführen sind, werden durch Ingwer gebessert. Er entfaltet seine Wirkung gerade bei Stauung und Verklumpung von Flüssigkeiten, die sich nicht in gravierenden Krankheiten, sondern reduziertem Allgemeinbefinden äußern.

Menstruationsbeschwerden sind ein Beispiel dafür. Die Mensis ist ein guter Indikator für den Gesundheitszustand, weil jede Erschütterung des normalen, ausgeglichenen Energieflusses sich hier niederschlagen wird. Die Mensis kann regelmäßig, schmerzfrei, ohne Unwohlsein oder Krämpfe, Kopfschmerzen und emotionale Unausgeglichenheit vonstatten gehen, aber viel häufiger kommt es vor, daß die Regel ständig zu früh oder zu spät oder unregelmäßig eintrifft, zu viel oder zu wenig Blut ausgeschieden wird, Frauen vor und während der Mensis an einer Vielzahl von Beschwerden leiden, die als prämenstruelles Syndrom (PMS) zusammengefaßt werden. Spannung, Unausgeglichenheit, Stauung, geschwollene Brüste, Bauch, Beine, Müdigkeit, Reizbarkeit, Unruhe kündigen die nahende Blutung an.

Die Ursachen mögen sich von denen anderer körperlicher Ungleichgewichtszustände nicht sehr unterscheiden: zu viel Arbeit, Streß, Angst, fettreiche Nahrung, Zucker und Stärke, ohne Ausgleich durch Mineralien und Vitamine. Raffinierte Öle und tierische Fette sind besonders verdächtig.

Ingwer, Kurkuma, Basilikum und Eisenkraut werden von den Chinesen als milde Heilmittel verschrieben, wenn »stagnierendes« oder »klebriges« Blut diagnostiziert wurde. Sie alle bewirken durch verbesserte Fließeigenschaften des Blutes eine leichte, geregelte Menstruation. Und sie wirken mild. Tang kuei (Chinesisches Angelica) ist die wichtigste Vertreterin dieser Kategorie, die von vielen Frauen Chinas und zunehmend auch von Frauen in westlichen Ländern eingenommen wird. Zusätzlich gibt es stärker wirkende europäische Kräuter, zum Beispiel Gartenraute, Flohkraut, Beifuß, die aber wegen ihrer heftigen Wirkung nur mit Vorsicht und am besten unter professioneller Anleitung genommen werden sollten.

Wieder muß auch die individuelle Konstitution berücksichtigt werden. Wenn die menstruellen Probleme »wäßriger« Natur (also dem Kapha-Typ zuzurechnen) sind, was in geschwollenen Gliedern, Ödemen, Schweregefühlen, Müdigkeit, Neigung zu Tränen und Verschleimung zum Ausdruck kommt, sind besonders bei Kapha-Konstitution (Neigung zu Übergewicht) würzig-scharfe Pflanzen wie Ingwer gute Helfer. Frauen des Vata-Typs leiden an zu früher, unregelmäßiger Mensis, die von seelischer Unausgeglichenheit, Angst, Schmerzen und Kopfweh begleitet wird. Sanft-würzige Mittel und aromatische Kräuter sind angezeigt: Kamille, Minze, Chinesische Angelica, Dill, Kurkuma, Lakritz (Süßholz) zusammen mit Ingwer in kleinen Mengen. Bei feurigen Frauen des Pitta-Typs sind Menstruationsbeschwerden durch Hitze, Schwitzen, auch Hitzewallungen, Hautausschlag, überreichlichen Blutfluß, Wutausbrüche gekennzeichnet, denen sie durch eher kühlende menstruationsfördernde Kräuter entgegenwirken können. In Frage kommen etwa Helmkraut, Schafgarbe, Beifuß, Calendula und Löwenzahn.

Zusammenfassung

Ingwer bekämpft nicht direkt Viren und Bakterien. Aber durch seine anregende, blutzuführende Wirkung stärkt er das Immunsystem, hilft dem Körper also, sich selbst zu heilen. Daher kann er auch bei Infekten wie Erkältung, Schnupfen, Bronchitis, Grippe etc. erfolgreich eingesetzt werden. Frischer Ingwer regt die Schweißproduktion an und sorgt dafür, daß wir die Krankheit ausschwitzen. Auch Fieber kann so behandelt und die Krisis, die zur Heilung führt, forciert werden. Bei rheumatischen Beschwerden führt sowohl die äußerliche als auch die innerliche Anwendung von Ingwer zum Abklingen der Schmerzen und damit wieder zu größerer Beweglichkeit.

5. Ingwer in Anbau und Handel

Vielleicht haben Sie frischen Ingwer noch nie gesehen. Obwohl er inzwischen vereinzelt auch im Supermarkt zu finden ist, kennen ihn die meisten eher als bräunliches Pulver, das scharf und staubig riecht, wenn man den Deckel des Schraubgläschens lüftet, das schon seit ewigen Zeiten in unserem Gewürzregal steht.

Frischer Ingwer ist ein außergewöhnlicher Anblick. Eine fleischige, knollige Wurzel, die am ehesten an mehrere kleine, zusammengewachsene und dann plattgedrückte Kartoffeln erinnert. Große Stücke können bis zu 80 cm lang und 15 cm dick werden und sich über eine Breite von bis zu 40 cm erstrecken. Sie bilden dicke unterirdische Ausläufer, die bis zu 20 cm lang werden können und dem Ganzen das Aussehen einer großen, knotigen Hand mit kurzen Stummelfingern verleihen. Tatsächlich spricht man im Gewürzhandel von einer »Hand« Ingwer und nennt die Ausläufer »Finger«. Er hat eine weiche, korkähnliche Haut, die in der Farbe von beige bis ledrig-braun reicht und ein weiß bis gelbliches, saftiges Fruchtfleisch bedeckt.

Die Ingwerpflanze

Botanisch gesehen ist Ingwer keine Wurzel, sondern ein unterirdischer Stamm, Rhizom genannt, der sich flach ausbreitet und an der Spitze jedes Stummelfingers eine Knospe trägt. Darunter wächst ein Gewirr dünner Wurzeln, die abgeschabt werden, bevor der Ingwer in den Handel kommt, weshalb er häufig als Wurzel angesehen wird.

Unter den richtigen Temperaturbedingungen und in feuchter Umgebung fangen diese Knospen an auszuschlagen: Zuerst erscheint eine grüne Spitze aus ineinandergewickelten Blättern, die sich dann zu einem röhrenförmigen »Stamm« entwickelt, der eigentlich kein richtiger Stamm ist, weil dieser schon unterirdisch gewachsen ist. Dieser schilfartige Sproß trägt abwechselnd rechts und links lanzenförmige Blätter und kann etwa einen Meter groß werden.

Ingwer trägt keine oberirdischen Früchte und blüht auch nur selten; wenn er aber Blüten trägt, handelt es sich um wunderschöne Gebilde mehrerer, in einer grünen Knospe angeordneter Kelche in Weiß oder Gelb mit violetten Flecken. Der ganze Blütenstand wird von einem etwas kürzeren, kräftigen Stiel mit schwächer ausgebildeten Blättern getragen, ähnlich einer Gladiole.

Frischer Ingwer verströmt, wenn er angeschnitten wird, ein typisches warmes, würziges, erfrischendes Aroma. Vom Geschmack her ist er scharf aromatisch, mit leicht blumig-zitronenartigem, bitterem Beigeschmack. Getrockneter Ingwer verliert diesen Zitronengeschmack und die Frische, während Wärme und eine holzige Schärfe dominieren. Er ist eine verschrumpelte

Variante der frischen Ingwer-Hand. Die Stücke sind hart, klein und flach, und sie haben durch die Trocknung 80 Prozent ihres ursprünglichen Gewichts verloren.

Die Familie der Ingwer-Gewächse

Ingwer trägt den offiziellen botanischen Namen *Zingiber officinale Roscoe* und gehört der Familie der Zingiberaceae an, zu der Hunderte verschiedene Pflanzen gehören, einige von ihnen von hohem Nutzwert für den Menschen. Zuerst gibt es einige nahe Verwandte des uns bekannten Ingwers – verschiedene Ingwersorten, die der Familie der *Zingiberaceae* und gleichzeitig der dazu zählenden Gruppe der Zingiber angehören. Zu nennen wäre *Zingiber cassumunar*, der in Indien als Waldingwer bekannt ist und dort gegen Durchfall und Koliken angewendet wird, sowie als Ersatz für echten Ingwer. In Thailand wird er als geschmacksabrundendes Gewürz verwendet, das im Geruch dem richtigen Ingwer nahekommt, aber etwas von Kampfer und einen leicht modrigen Geruch mitbringt. Die Pflanze selbst sieht dem echten Ingwer zum Verwechseln ähnlich, nur ist das Rhizom im Inneren intensiv gelb. Diese Art wird in Thailand *Phlai* genannt.
Eine andere Art, *Zingiber zerumbet*, wird in weiten Teilen Asiens angebaut, meistens als Heilmittel gegen Husten, Asthma, Bauchschmerzen und Koliken, und im Gegensatz zum echten Ingwer scheint er sich auch gegen Hautkrankheiten bewährt zu haben. Er schmeckt und riecht wie eine bittere Sorte Ingwer, aber seine unterirdischen Teile, Rhizom und Wurzeln, sind ver-

gleichsweise riesig. *Zingiber mioga* ist die in Japan ange-
baute Sorte Ingwer, die dem echten indischen Ingwer
so sehr gleicht, daß selbst die ausgefuchsten Gewürzhändler sie kaum auseinanderhalten können. Deshalb
werden beide Sorten einfach auf einen Haufen gewor-
fen, obwohl sein Geschmack etwas fruchtiger mit
leichtem Bergamotte-Beigeschmack ist. *Zingiber elatum*
und *Zingiber chrysantum* sind zwei weitere sehr aromatische Ingwersorten aus Asien.

Etwas weiter entfernt ist ein Vetter des Ingwers: *Curcuma longa*, der vom Aussehen des Rhizoms her ein Bruder des Ingwers sein könnte. Trotzdem ist er bei weitem
nicht so aromatisch, seine Farbe ist tiefgelb und im frischen Zustand orange. Kurkuma ist in Indien als Ge-
Kurkuma ist ein wei- würz und Arzneimittel außerordentlich
teres hochwirksames wichtig. Er verdiente ein eigenes Buch,
Gewürz so vielfältig sind seine Möglichkeiten. In
Indien wird er in Form einer Paste als antibakterielles
Hautmittel eingesetzt, das Eiter und Warzen entfernt,
Ekzeme heilt und überhaupt als erste Hilfe bei kleineren Wunden angewendet wird. In jedem indischen Krä-
merladen findet sich Kurkuma-Seife, mit Sandelholz
parfümiert, die ein Zehntel der synthetischen Seifen
aus dem Supermarkt kostet und dabei viel besser ist.
Die antiseptischen Eigenschaften des Kurkuma sind
auch im Lebensmittelbereich von Bedeutung. Er verhindert das schnelle Verderben der Speisen und unterstützt den Magen, wenn er mit Infektionen durch un-
sauberes Wasser oder Essen fertigwerden muß.

Der Hauptwirkstoff des Kurkuma ist Kurkumin. Dieser
Stoff, der ihm auch die gelbe Farbe verleiht, hat sich als
hochgradig entzündungshemmend erwiesen. In dieser
Hinsicht ist Kurkuma eines der besten bekannten
pflanzlichen Mittel, in seiner Wirkung ein sanfter Riva-

le des Kortisons. Er wird zur innerlichen Anwendung bei Verletzungen verabreicht, zur Stärkung der Leberfunktion, zur Auflösung von Gallensteinen sowie gegen Dysmenorrhoe und Entzündungen des Urogenitalsystems. In vieler Hinsicht erscheint er wie ein milder Bruder des Ingwers, zum Beispiel in seiner Wirkung auf die Prostaglandine, obwohl ihm die wärmespendende Fähigkeit des Ingwers fehlt.

Ein anderer bekannter Verwandter ist Kardamom, *Elettaria cardamomum Maton*. Er hat ähnliche Blätter wie Kurkuma – lange Ovale mit hervorstehenden, parallelen Blattrippen –, aber von dieser Pflanze werden die Samen als Gewürz genossen. Kardamom hat ein sehr spezielles, feines Aroma und gilt als »Königin der Gewürze«. In Asien wird es ebenfalls medizinisch verwendet, in Europa wird es besonders seiner ätherischen Öle wegen geschätzt. Es hat eine leicht wärmende, entblähende, verdauungsfördernde Wirkung und reduziert zähen Schleim in Magen und Lunge.

Es gibt verschiedene, billigere Ersatzstoffe für das echte Kardamom, die alle zur Gruppe der *Amomum*-Gewürze gehören. Normalerweise sind sie in europäischen Geschäften nicht zu finden. Zum Beispiel gibt es das *A. melegueta* mit dem wunderbaren Beinamen »Paradiessamen«, dann *A. subulatum* und *A. aromaticum*, die beide unter dem Namen »großer Kardamom« bekannt sind, manchmal aber auch einfach Amomum genannt werden. Sie haben ein würziges, dem Kardamom ähnliches Aroma, auch wenn es weniger harmonisch ist.

Die Ingwer-Familie umfaßt auch einige Pflanzen, die weniger kulinarische als medizinische Verwendung finden, obwohl sie ebenfalls zu beiden Zwecken gebraucht werden. Unter ihnen ist Galgant, den es in zwei Varianten gibt, *Alpinia galanga* und *Alpinia offici-*

narum und der manchem vielleicht als »Chinawurzel«
bekannt sein dürfte. Galgant ist in getrocknetem Zustand dem Ingwer ähnlich, aber rötlicher und rundli-
cher. Er hat einen süß-aromatischen Duft. In Europa,
wo er, wie so viele Gewürze, wahrscheinlich durch die
Araber eingeführt wurde, findet er schon seit etwa tausend Jahren Verwendung. In Indien, im Baltikum und
im Mittleren Osten wird er auch heute noch als Grundstoff für würzige Tees und Biere verwendet. In den Bergen Galiläas, wo ich jetzt lebe, ist es bei Drusen und
Arabern Tradition, daß Frauen im Kindbett einen
schwer-würzigen Tee mit Galgant zu trinken bekommen. Ich bin verschiedentlich mit Galgant-Tee be-
schenkt worden, wenn ich an den Festlichkeiten nach
einer Geburt teilnahm. Sein medizinischer Nutzen
gleicht in vieler Hinsicht dem Ingwer.

Curcuma zeodaria hat große Ähnlichkeit mit Kurkuma,
grau in der Farbe, bitter, aber aromatisch im Geschmack, wird er als Magenmittel angewendet. Seit
dem Mittelalter ist er Bestandteil vieler Magenbitter
und regt den Appetit an oder besänftigt übermäßig be-
anspruchte Europäer-Mägen.

Anbau

Alle Leser, die den Winterwinden des nördlichen Euro-
pas zu trotzen haben, werden sich an ihren Gemüsehändler halten müssen, wenn sie sich zur Wärmever-
sorgung mit frischem Ingwer eindecken wollen. Denn
Ingwer ist eine Pflanze, die nur in den heißen Regionen
Asiens, Australiens, Jamaikas, Chinas und Nigerias gedeiht. Frost verträgt er nicht. Allerdings ist es meinem

Kollegen John Blackwood gelungen, ihn zu Hause in Südengland zu züchten; deshalb mag auch ein gleichmäßig temperiertes Gewächshaus ausreichen.

Zuviel Wärme bekommt ihm allerdings auch nicht, weshalb er weder in der Hitze äquatornaher Regionen noch in der Trockenheit der Wüste vorkommt. Was er liebt ist ein feucht-heißes Klima und einen Standort, der ihn vor allzu direkter Sonneneinstrahlung bewahrt. Dazu ein feuchter Boden wäre ideal. Mulchen hat sich hier als nützlich erwiesen, damit die oberste Erdschicht nicht austrocknet und die zarten Wurzeln unter der Erdoberfläche geschützt sind. Das ist auch der Grund dafür, daß diese feuchtigkeitsliebende Pflanze in Indien zu Beginn des Monsuns gepflanzt wird. In Anbaugebieten ohne Regenzeit sorgt man für gute Bewässerung. Wir können ihn im Frühling anpflanzen. Dazu nehmen wir eine Ingwer-»Hand«, teilen sie in etwa 15 Gramm schwere Teile, von denen jedes eine saftige Knospe haben sollte, die dann in ein Hochbeet etwa 10–15 cm tief und im Abstand von 25 cm voneinander eingegraben werden. Die Erde sollte locker und nährstoffreich sein und am besten viel organisches Material und Kompost enthalten. Ingwer entzieht dem Boden viele Nährstoffe, besonders Stickstoff, Kali und andere Mineralien. Bedecken Sie Ihr Hochbeet großzügig mit Mulch, der nach Bedarf erneuert werden sollte. Schon kurze Zeit später werden Sie sehen, daß sich die ersten Spitzen aus der Erde bohren, die quasi vor Ihren Augen wachsen und ihre um den Sproß gerollten Blätter entfalten.

Sechs Monate später können Sie ernten. Es gibt hochinteressante Untersuchungen über die optimale Erntezeit des Ingwers. Er reift in der Erde wie Möhre oder Rettich, nimmt mit der Zeit an Geschmack und Schärfe zu und verholzt gleichzeitig. Bei früher Ernte erhält man eine saftstrotzende Pflanze, weich, aromatisch, blumig-zitronenartig und mild im Geschmack. Dieser weiche »grüne« Ingwer wird kommerziell zum Verkauf als frischer Ingwer oder für die Bereitung von Ingwer-

Je länger die Pflanze reift, je schärfer wird sie

sirup geerntet. Wartet man einige Monate länger, dann hat sich inzwischen mehr Schärfe gebildet. Der Ingwer enthält jetzt weniger Wasser, dafür mehr Fasern. In diesem Stadium wird er geerntet, um in getrockneter Form mit würzig-scharfer Note auf den Markt zu kommen. Die letzte Ernte, etwa neun Monate nach der Pflanzung, bringt den stärksten, an scharfen Stoffen reichsten Ingwer, der schon ziemlich trocken ist und deshalb dazu bestimmt ist, als getrockneter, gemahlener Ingwer in den Handel gebracht zu werden.

Ingwer kann während des Wachstums von einigen Krankheiten befallen werden, aber in der Regel hat man damit weniger im eigenen Gewächshaus als in großen Monokulturen zu kämpfen. Wie viele Wurzelgemüse ist er anfällig für Pilze, die die Wurzel verderben, wodurch das Ingwer-Rhizom weich und pappig wird. Dagegen hilft nicht viel anderes, als die befallene Pflanze auszugraben und zu verbrennen. Der beste Schutz gegen dieses Übel besteht darin, beim Pflanzen möglichst saubere Stücke zu verwenden und sie außerdem mit einem pilzhemmenden Mittel abzuwaschen. Wie Kartoffeln und Tomaten wird auch Ingwer manchmal gelbe Blätter bekommen; diese Erscheinung wird ebenfalls durch Pilzbefall verursacht, den man mit Bordelaiser Brühe bekämpfen kann.

Wenn wir eine Reise nach Indien in die fruchtbare, sanft hügelige Gegend des Staates Kerala unternehmen würden, um eine Ingwerfarm zu besuchen – was bekämen wir dann zu Gesicht? Wahrscheinlich eine ganze Zahl kleiner Felder von ein bis zwei Morgen Größe, auf denen Tapioca oder Chili in Reihen grüner Büsche, gesprenkelt mit knallroten Schoten, oder Sesam, eine große, kräftige Pflanze mit einer wunderschönen violetten Blüte, angebaut würde. Eines der Felder wäre an den meterbreiten, langgezogenen Hügelbeeten mit Entwässerungsgräben zu beiden Seiten als Ingwerfeld zu erkennen. Dort wäre die Erde reichlich gedüngt, so daß sie einen dunklen, lockeren Anblick bietet. Im März oder April könnten wir zusehen, wie der indische Farmer im bunten *Lungi* (ein kurzes, gewickeltes Kleidungsstück) zusammen mit Frau und Familie, die ebenfalls in bunte, strahlend saubere Saris gekleidet sind, im Abstand von etwa 25 cm Löcher in die Erde graben, um Ingwerstücke hineinzupflanzen. Bald nach dieser Arbeit würde das Feld gedüngt, und dann würden sich die Kinder daran machen, einen Mulch aus grünen Blättern auf den Hügeln zu verteilen, um die Erde vor Austrocknung zu schützen und gleichzeitig vor den Folgen heftiger Regengüsse zu bewahren. Danach könnte man die Familie an trockenen Tagen hin und wieder beim Unkrautjäten oder beim vorsichtigen Anhäufeln der jungen Pflanzen beobachten. Schließlich wäre im Dezember die Zeit gekommen, wo die Pflanzen gelb zu werden beginnen. Wieder geht die gesamte Familie auf das Feld und trägt mit dem Spaten vorsichtig die oberen Erdschichten ab, um an die verkrusteten Ingwer-Rhizome zu kommen, die von den Frauen dann in Körben zum Waschen gebracht werden.

Wenn Sie für die richtigen Bedingungen sorgen können, dann ist es eigentlich gar nicht so schwer, selbst Ingwer zu züchten, und es ist allemal die Mühe wert, besonders wenn Sie in einer Gegend leben, wo es frischen Ingwer nicht zu kaufen gibt. Ich selbst genieße es, jeden Tag zu sehen, wie der schilfartige Ingwersproß seine Blätter zu beiden Seiten hin entfaltet und denke dabei schon an den faszinierenden Geschmack, der unterirdisch reift. Hier in Israel, wo mediterranes Klima herrscht, gedeiht er prächtig – wenn uns bei der Ernte nicht die Katzen zuvorkommen.

Ingwer im Handel

Bei meinem letzten Besuch in Indien reiste ich die berühmte Malabarküste entlang, deren Städte die legendären Namen des Gewürzhandels tragen: Quilon, Allepey, Calicut und Cochin. In Cochin schlenderte ich durch die schmalen Gäßchen und war ein weiteres Mal beeindruckt von dem geschäftigen Treiben der Gewürzhändler, das an diesem Ort wahrscheinlich schon seit Tausenden von Jahren unverändert stattfindet: dunkelhäutige Kulis, die unermüdlich ihre Säcke hin und her schleppen; einfache Bambuswagen, gezogen von Jungen mit aufmerksamem Blick, die durch Rufe auf sich aufmerksam machen; Lagerhäuser, in denen sich prallgefüllte Jutesäcke mit würzigem Inhalt bis zur Decke stapeln – alles mit Argusaugen überwacht von Zwischenhändlern, die schweigend vor irdenen Gefäßen sitzen, in denen sie ihre Gewürzproben bewahren.

Wer würde bei diesem folkloristischen Anblick daran denken, daß von hier aus jährlich etwa 15 000 Tonnen Ingwer exportiert werden? Ein Großteil geht nach Europa, als traditionellem Absatzmarkt. Ein durchschnittlicher Europäer verbraucht in einem Jahr ungefähr 50 Gramm Ingwer, aber nur ein winziger Teil davon landet pulverisiert im Gewürzregal. Das meiste wandert in die Großbäckereien, wo Ingwer in Kuchen und Plätzchen verarbeitet wird, aber einiges findet auch in der Lebensmittelindustrie, in Fleischwaren, Suppen und Delikatessen Verwendung, wo er erstaunlich vielen Produkten eine besondere Geschmacksnote verleiht. Außerdem nimmt die Produktion ingwerhaltiger Erfrischungsgetränke zu, natürlich angeführt vom Ginger-Ale. Auch die pharmazeutische Industrie gehört zu den Abnehmern, wenn auch kleiner Mengen, besonders für Halsschmerz- und Hustenmittel.

Wir wollen dem Ingwer zurück ins Land seines Ursprungs folgen, um zu sehen, wie er dort behandelt wird. Wir haben gesehen, daß er in verschiedenen Regionen der Welt angebaut wird – die Gesamtproduktion beläuft sich auf beinahe 100 000 Tonnen jährlich. In jedem Anbaugebiet hat der Ingwer seine besonderen Eigenschaften, was Geschmack, Konsistenz und Verarbeitung angeht. Die Tabelle bietet einen Überblick.

Die verschiedenen Erscheinungsformen und Eigenschaften nach Ursprungsländern:

Herkunft		Aussehen	Geschmack
Indien	Cochin ungebleicht	hellbraun, grob geschält	zitronenartig, erdig, ziemlich scharf
	Calicut ungebleicht	rötlich braun, grob geschält	deutlich zitronig, erdig, ziemlich scharf
	Cochin/Calicut gebleicht	weiß, mit Kalk bestrichen	süß, erdig, ziemlich scharf

Afrika	Nigeria	dunkel, runzelig, teils geschabt	kampferartig, streng-aromatisch, erdig, sehr scharf
	Sierra Leone	sehr dunkel grau-braun, runzelig	erdig, kampfer-artig, sehr scharf
Jamaika		helles Lederbraun, glatt, sauber geschält, hart	aromatisch, deli-kat, würzig, milde Schärfe
China		blaß-braun, ungeschält	blumig-zitronig, aromatisch, milde Schärfe
Australien		hellbraun, glatt	stark zitronig, ziemlich scharf

Die Formen des Ingwers

Wie ich schon erwähnt hatte, muß der Ingwer, wenn er frisch auf den Markt kommen soll, früh geerntet werden. Außer daß die Wurzeln mit einem kleinen Messer abgeschabt und der Ingwer gewaschen wird, passiert eigentlich wenig, bevor er verkauft wird. Der Löwenanteil dieses *grünen Ingwers* wird dort verbraucht, wo er produziert wird. Zum Beispiel verbrauchen Indiens Haushalte jährlich insgesamt ungefähr 50 000 Tonnen dieser Sorte, einiges davon in Zucker oder Sirup konserviert. Im Westen wird relativ wenig Ingwer in dieser Form verkauft, hier ist er meistens nur in asiatischen Lebensmittelgeschäften zu finden und natürlich auch in chinesischen und indischen Restaurants. Ein Teil des grünen Ingwers wird als Zutat würziger Soßen und Chutneys verwendet.

Für den Verkauf nach Übersee verläßt der Ingwer seine

Ursprungsländer meistens in getrockneter Form und kommt hier an, so wie wir ihn kennen: als hellbraunes, scharfes Pulver im Gewürzgläschen. Die Verarbeitung zum *getrockneten Ingwer* beginnt ebenfalls mit dem Abschaben der Wurzeln und Waschen, dann wird er auf sauberen Tennen eine Woche bis zehn Tage zum Trocknen in der Sonne ausgebreitet, gelegentlich gewendet und nachts an einem geschützten Ort aufgehäuft. Wenn der Ingwer noch zu feucht und fleischig ist, nimmt die Trocknung zu viel Zeit in Anspruch, und er wird am Ende sehr verrunzelt aussehen. Das ist einer der Gründe, weshalb Ingwer, der im getrockneten Zustand verkauft werden soll, später geerntet wird.

Getrockneter Ingwer ist intensiver im Geschmack und vor allem auch schärfer, was er aber nicht nur der vermehrten Schärfebildung durch eine längere Reifezeit verdankt, sondern auch der Tatsache, daß durch die Trocknung anscheinend die blumig-zitronigen Aromen verfliegen, während sich die Schärfe intensiviert. Es gibt Hinweise darauf, daß sich während einer kurzen Lagerzeit auch im getrockneten Zustand noch die Schärfe verstärkt, während sie bei längerer Lagerung des gemahlenen Pulvers eher abnimmt. Offensichtlich ist in diesem trockenen, runzeligen Rhizom, das den Eindruck macht, längst abgestorben zu sein, noch genug Leben, um diese Veränderungen zu bewirken.

An einigen Orten wird der Ingwer über Nacht gewässert und am folgenden Tag saubergeschrubbt. Dann wird die korkige Haut vor dem Trocknen mit scharfen Messern abgeschält, um einen sauberen, glatten Ingwer von hoher Qualität zu bekommen. Dieser Prozeß erfordert große Sorgfalt, weil das Gewebe, das die aromatischen ätherischen Öle enthält, direkt unter der Schale liegt, so daß ungeschicktes Schälen einen erheblichen

Geschmacksverlust nach sich zieht. Diese Kunst wird heute noch in Jamaika und im indischen Kerala geübt, aber sie ist im Verschwinden begriffen, weil sich die Mühe für Ingwerpulver nicht lohnt.

Gegenwärtig gibt es in der Nahrungs- und Getränke-industrie einen großen Bedarf an Ingwerkonzentrat. Pulverisierter Ingwer würde sich nämlich zum Beispiel **Im Oleoresin** in der Limonade als trüber Schleim am **konzentriert** Flaschenboden absetzen. Deshalb wird **sich der typische** der Geschmack des Ingwers extrahiert **Ingwergeschmack** und konzentriert – auf diesem Wege ver-meidet man gleichzeitig den lästigen Ärger mit Ver-schmutzung und Insektenbefall. Eine Möglichkeit be-steht darin, den Geschmack des getrockneten Ingwers durch Alkohol oder Aceton (Nackellackentferner) zu extrahieren: Anschließend werden die faserigen Be-standteile weggeworfen und der Extrakt im Vakuum zu einer dickflüssigen Masse konzentriert, die die Bezeich-nung *Oleoresin* trägt. Sie enthält fast das gesamte Ge-schmackspotential der ursprünglichen Pflanze, auf ein Fünfzehntel des Gewichts reduziert. Winzige Mengen davon reichen aus, um Nahrungsmittel zu aromatisie-ren. Eine andere Methode besteht darin, die ätheri-schen Öle zu extrahieren, indem man Wasserdampf durch Ingwerbrei leitet und anschließend durch Destil-lation die ätherischen Öle gewinnt. Sie sind hochkon-zentriert – die Ausbeute besteht aus einem Teil ätheri-schem Öl, das aus vierzig Teilen frischem Ingwer ge-wonnen wird –, aber außerordentlich aromatisch und eher süß als scharf und sehr reich im Geschmack. Be-sonders für Erfrischungsgetränke wird diese Form be-vorzugt.

Eine ganz traditionelle Art, Ingwer zu konservieren, be-steht darin, ihn in Zucker einzulegen, so daß er als süße, aromatische, weiche, würzige, schokoladeüberzogene Nascherei oder in Form kandierter Ingwerstäbchen zu kaufen ist. Eine weitere traditionelle Konservierungsmethode besteht darin, den Ingwer in Zuckerlösung zu kochen, so daß man ein Produkt mit dem höchst zutreffenden Namen *Stem Ginger* (Stamm-Ingwer) erhält, denn tatsächlich ist der Ingwer ja ein »Stamm«, keine Wurzel. Der braune Sirup, in dem die Stücke schwimmen, wird Ingwersirup genannt. Diese süßen Ingwerprodukte haben ihre medizinisch wirksamen Inhaltsstoffe weitestgehend verloren, weshalb sie gesundheitlich unerheblich sind. Sie werden in ganz Asien, in China und auch in Australien hergestellt, wo Ingwerkonfekt auch heute noch zu den beliebtesten Süßigkeiten gehört.

Die Verarbeitung beginnt damit, daß frischer Ingwer in Würfel geschnitten und dann in Säure gekocht wird, um die Fasern weichzumachen, damit der Zucker in das Gewebe eindringen kann. Durch das wiederholte Kochen wird der Ingwer braun, gibt seine ätherischen Öle ab und verliert an Schärfe. Dann wird er über Tage hinweg in Zuckerlösung geköchelt, während immer mehr Zucker hinzugefügt wird, um die Konzentration zu erhöhen. Schließlich erhält man Ingwerwürfel in einem intensiv schmeckenden Sirup, der exportiert und für verschiedene Arten von Chutneys, Marmeladen, Kuchen verwendet wird oder in dekorativen Gläsern die Weihnachtsmärkte ziert.

Und wie wird der kandierte Ingwer hergestellt? Die Süßmäuler unter den Lesern sind eingeladen, ihrer Phantasie freien Lauf zu lassen, aber ich will gern verraten, daß es mit dem gleichen in Sirup eingelegten Ingwer beginnt. Man läßt den Sirup abtropfen, wäscht und trocknet die süßen Würfel, taucht sie dann in dickflüssige Zuckerlösung und wälzt sie gleich anschließend mehrmals in Kristallzucker. Das Ergebnis ist ein mild-aromatisches, kristallines Konfekt, das kaum noch Ähnlichkeit mit den ursprünglichen, knotigen, scharfen Ingwer-Rhizomen hat.

Zusammenfassung

Obwohl die Ingwer-»Hand« mit ihren »Fingern« wie eine Wurzel aussieht, handelt es sich in Wahrheit um einen Stamm, der unterirdisch wächst. In frischer Form ist er bei uns gar nicht so leicht zu kaufen. Daher empfiehlt es sich, ihn selbst anzubauen. Da er jedoch den heißen Regionen Asiens, Australiens, Jamaikas, Chinas und Nigerias entstammt, muß er in unserem kalten Klima im Gewächshaus gezogen werden.

Im Handel wird Ingwer meist in getrockneter Form als scharf-würziges Pulver angeboten. In der Industrie findet vor allem der Extrakt Oleoresin Anwendung, von dem winzige Mengen ausreichen, um Nahrungsmitteln und Getränken den vollen aromatischen Geschmack des Ingwers zu verleihen.

6. Die Chemie des Ingwers

Es ist immer eine spannende Sache, ins Innenleben einer Pflanze zu blicken, ihre Geruchs- und Geschmacksstoffe, ihre merkwürdigen Wirkungen auf unseren Körper zu untersuchen und ihre noch ungeklärten Eigentümlichkeiten zu erforschen. Genau das ist die Aufgabe eines Chemikers, der mit natürlichen Produkten befaßt ist. Er versucht die besonderen Eigenschaften zu verstehen, indem er ihre chemischen Inhaltsstoffe analysiert. Seine Werkzeuge sind die eines Chemielabors, in dem heute eine Reihe hochtechnischer, computergesteuerter Geräte stehen, um Spezialuntersuchungen mit hochtrabenden Benennungen durchführen zu können: Hochdruckflüssig-Chromatographie, Dünnschichtchromatographie, Gaschromatographie, Massenspektroskopie, nuklear-magnetische Resonanzanalyse und ähnliches mehr.

Und so geht die Analyse vonstatten: Die Pflanze wird gemahlen, ein wäßriger Auszug wird bereitet, und dann werden sowohl an den wasserlöslichen Bestandteilen als auch am verbleibenden Rest eine Reihe einfacher »Küchen-Untersuchungen« durchgeführt. Zum Beispiel werden durch Färbung die Anteile an Stärke, Fett und Proteinen ermittelt. Oder die ganze Pflanze wird verbrannt, um in der Asche mittels einfacher Apparaturen den Mineralstoffgehalt feststellen zu können. Oder der nichtlösliche Rest aus Fasern wird getrocknet und gewogen. Solche Untersuchungen geben uns grundlegende Informationen über die groben Bestandteile der Pflanze, aber sie sagen nichts über die in ihr enthaltenen besonderen chemischen Stoffe aus.

Im nächsten Schritt destillieren die Chemiker die ätherischen Öle der Pflanze oder extrahieren die alkohollöslichen Bestandteile. In diesen Flüssigkeiten können Hunderte unterschiedlicher Stoffe enthalten sein, die durch ein »Fraktionierung« genanntes Verfahren je nach Molekülgröße oder Beschaffenheit in chemische Stoffgruppen aufgeteilt werden. Diese können dann durch die analytische Apparatur geschleust werden, um bestimmte Muster oder Spuren zu finden, die einen Vergleich mit anderen, bekannten Stoffen erlauben. Mit dieser Methode können wir einzelnen chemischen Bestandteilen auf die Spur kommen. Häufig werden ungewöhnliche Verbindungen gefunden, von denen die Chemiker hoffen, daß sich daraus ein Schlüssel zur Erklärung der einzigartigen Eigenschaften der Pflanze ergibt. Wenn das der Fall ist, führt ihre Entdeckung womöglich zur Entwicklung eines neuen Medikaments oder eines synthetisch hergestellten Duft- oder Geschmacksstoffs.

Die Zusammensetzung des Ingwers

Also wollen wir uns zuerst den Hauptbestandteilen des Ingwers zuwenden, bevor wir uns an die chemische Analyse wagen. Frischer Ingwer enthält, wie alle unterirdischen Speicherwurzeln oder Rhizome, zum Beispiel

Kartoffeln und Möhren, zu 80 Prozent Wasser. Dazu 2,3 Prozent Eiweiß, rund 1 Prozent Fett, aber hauptsächlich enthält er als festen Bestandteil Kohlehydrate, also Stärke wie die Kartoffel. Ihr Anteil beträgt etwa 12 Prozent und erhöht sich, je länger der Ingwer in der Erde reift. Ansonsten finden wir 2,5 Prozent Fasern, deren Anteil sich ebenfalls bei längerer Reifezeit erhöht. Dazu 1,2 Prozent Mineralstoffe – in erster Linie Kalzium, Phosphor und Eisen. Einen außergewöhnlichen Vitamingehalt hat der Ingwer nicht zu bieten; wir finden ein breites Spektrum der B-Vitamine, besonders Thiamin, Riboflavin und Niacin in Verbindung mit einem gesunden Anteil Vitamin C. Weil wir Ingwer aber immer nur in kleinen Mengen zu uns nehmen, tritt sein Nährwert gegenüber dem anderer Lebensmittel in den Hintergrund. Wie schon im ersten Kapitel betont, sind die Gewürze nicht ihres Nährwerts wegen interessant, sondern gerade wegen ihrer anderen wertvollen Eigenschaften.

Getrockneter Ingwer enthält im Gegensatz zum frischen statt 80 Prozent nur noch 10 Prozent Flüssigkeit, weshalb die festen Bestandteile entsprechend drei- bis viermal höher sind.

Wir wollen jetzt die speziellen chemischen Verbindungen unter die Lupe nehmen. Sie lassen sich in zwei Gruppen unterteilen und befinden sich in zwei Bereichen innerhalb des Rhizoms. Zum ersten das ätherische Öl des Ingwers. Diese hocharomatische, ölige Flüssigkeit befindet sich in kleinen »Adern« direkt unterhalb der Korkschicht. Man kennt sie auch unter dem Namen »essentielle Öle«, wohinter sich die altmodische Auffassung verbirgt, daß sich in ihnen die Essenz, das Wesen der Pflanze materialisiert, wie im Blut eines Tieres. Dieses Öl wird durch Destillation gewonnen, so wie die zur Parfümherstellung benutzten Blumenöle; oder denken Sie an das Aufsteigen der ätherischen Öle, wenn wir zu Hause einen Teeaufguß aus Pfefferminze oder Thymian bereiten. Die zweite Komponente ist das Oleoresin, das schon im vorigen Kapitel erwähnt wurde und das sich im fleischigen Inneren des Rhizoms befindet, wo es, in Stärke eingebettet, in besonderen Zellen vorkommt. Oleoresin ist dem Charakter nach harzig und kann nur durch Alkohol oder spezielle Lösungsmittel extrahiert werden.

Bevor wir enthüllen, welches Öl und wieviel davon ein gutes Stück Ingwer enthalten muß, sollten wir uns noch einmal vor Augen führen, daß eine Pflanze natürlich kein standardisiertes Industrieprodukt ist. Der Inhalt des Ingwers variiert deshalb je nach Standort, Sorte, Reifezeit, Anbaumethode und Verarbeitung. Der Anteil der Stärke kann zum Beispiel je nachdem um 50 Prozent von einer Probe zur anderen abweichen, und die charakteristischen Bestandteile, nämlich ätherisches Öl und Oleoresin, weichen bis zu 100 Prozent von anderen Proben ab. Der nach der Ernte geschälte, mit Kalk überzogene Ingwer aus Cochin enthält nur 1,49 Prozent ätherisches Öl. Viel ist durch das Schälen verlorengegangen. Afrikanischer Ingwer enthält im Vergleich dazu die doppelte Menge ätherischen Öls, weil die Rinde unverletzt bleibt und dort ohnehin eine schärfer schmeckende Sorte angebaut wird.

Die Öle des Ingwers

Das ätherische Öl des Ingwers enthält eine Vielzahl unterschiedlicher Komponenten, die alle ihren Teil zu dem unvergleichlichen, typischen Aroma im Geschmack und Geruch des Ingwers beitragen. Sie sind allesamt ölig, haben einen niedrigen Siedepunkt und sind deshalb leicht flüchtig. Das ist der Grund, weshalb Pflanzen, die ätherische Öle enthalten, mit heißem Wasser übergossen sofort ihren typischen Duft verströmen, denken wir nur an Pfefferminze oder Thymian. Niemand hat bisher schlüssig beweisen können, warum Pflanzen diese Stoffe produzieren, viele von ihnen haben eine derart komplizierte chemische Struktur, daß ihre Synthese in der Pflanze ein ebenso komplizierter Vorgang sein muß. Möglich wäre, daß sie dem Schutz vor Insekten dienen oder dazu, bestimmte Insekten anzuziehen, die eine optimale Bestäubung der Blüte garantieren. Vielleicht dienen sie dem Zweck, Ziegen und andere Weidetiere abzuschrecken (die diese Pflanzen übrigens instinktiv nicht als substantielle Nahrung, sondern als Medizin fressen). Möglicherweise könnten sie eine Vorform anderer Substanzen sein, wie ein Zwischenprodukt auf dem Fließband der Pflanze oder ein Lager, auf das bei Bedarf zurückgegriffen werden kann.

Die wichtigsten öligen Bestandteile des Ingwers umfassen Zingiberen, Curcumen, Bisabolen, Sesquiphellandren, Pinen, Myrecen, Borneol und Farnescen. Dazu viele andere Stoffe, etwa dreißig insgesamt. Eine Untergruppe ist die der Citrale, die Geraniol, Limonen und Neral enthält und besonders interessant **Die ätherischen Öle** ist, weil sie dem Ingwer seine blumig-zi- **im Ingwer verflüch-** tronige Note verleiht. Allerdings lassen **tigen sich beim** diese Stoffe sich im Auszug der ätheri- **Trocknen** schen Öle des getrockneten Ingwers nicht mehr nachweisen, wie wir selbst durch einen Griff in unser Gewürzregal nachweisen können. Aus der Tatsache, daß sie im frisch geernteten Rhizom noch enthalten sind, können wir schließen, daß sich durch das Trocknen in der Sonne an der Chemie des Ingwers allerlei verändert. Außerdem gibt es Ausnahmen aus Australien, teilweise auch aus Cochin, wo der Ingwer auch nach der Trocknung einen zitronigen Beigeschmack behält, was auf besondere Ernte- und Trocknungsmethoden zurückzuführen ist.

Tatsächlich sind die ätherischen Öle verschiedener Ingwersorten unterschiedlich im Aroma und auch in der chemischen Zusammensetzung, zudem gibt es auch von Jahr zu Jahr Abweichungen. Das Öl aus Cochin wird als »süß, warm, erdig-würzig mit deutlicher Zitronen-Note« beschrieben; nigerianisches Ingweröl ist »herb, erdig-würzig, warm, mit deutlicher Kampfernote«, während chinesischer Ingwer »mild, aromatisch, blumig-zitronig« ist. Diese Unterschiede spiegeln eine große Bandbreite unterschiedlicher Zusammensetzungen der ätherischen Öle, weshalb die Aufgabe der Aroma-Chemiker darin besteht, die Zusammenhänge zwischen Geschmacks- und Geruchsvariante aus der chemischen Zusammensetzung der ätherischen Öle zu erklären. Der indische Ingwer enthält im Öl einen Anteil von bis zu 70 Prozent Zingiberen, während der Anteil des Zingiberens im ätherischen Öl des japanischen Ingwers nicht mehr als ein paar Prozente ausmacht, mit dem Ergebnis, daß er im Geschmack viel delikater ist und ein mild fruchtiges Aroma hat.

Überdies ändert sich die Ölzusammensetzung mit der Zeit. Es ist bekannt, daß Lebensmittel ihren Geschmack durch Lagerung verändern, so daß unsere empfindlichen Papillen auf der Zunge feststellen, daß etwas alt schmeckt. Wenn Ingweröl oder gemahlener Ingwer lange gelagert werden, verfliegen einige Bestandteile,

andere reagieren miteinander, und entsprechend ändert sich der Geschmack.

Es ist interessant, daß wir bei Pflanzen und Blüten, die
ätherische Öle enthalten, einer endlichen Zahl chemischer Substanzen begegnen, deren Kombination für
den jeweiligen Geschmack verantwortlich ist. Geruch
und Geschmack, die wir bei Pflanzen wie Geranie, Basilikum, Orange oder Ingwer ganz unterschiedlich wahrnehmen, sind das Ergebnis einer Zusammenstellung
derselben chemischen Substanzen in unterschiedlichen Anteilen. Zum Beispiel enthält Ingweröl Pinen,
Geraniol, Limonen, die alle zuerst in Pinie, Geranie, Zitrone nachgewiesen wurden.

Oleoresin

Eine aromatische Pflanze zu destillieren, um an ihr
ätherisches Öl heranzukommen, ist eine uralte Methode. Erst im vorigen Jahrhundert wurden chemisch reine Lösungsmittel wie Alkohol verfügbar, womit sich
der Chemie neue Wege der Fraktionierung eröffneten.
Im Jahr 1879 verwendete ein Chemiker namens Thresh
Aceton, um die Wirkstoffe des Ingwers zu extrahieren
und erhielt eine braune Flüssigkeit. Als das Aceton ver-
flogen war, blieb eine dicke, braune, scharfe Paste zurück: Oleoresin. Daraus konnte er die erste reine Che-
mikalie des Ingwers gewinnen, eine scharfe Substanz,
die er als Gingerol bezeichnete. Vierzig Jahre später
machte Dr. Nomura in Japan für die Chemie des Ingwers eine weitere wichtige Entdeckung, indem er im
Oleoresin erstens die Verbindung Zingeron, später einen zweiten scharfen Stoff fand, der er in Anlehnung

an das japanische Wort für Ingwer, *Shoga*, den Namen
Shogaol gab. Die chemische Struktur dieser Substanzen
soll aus der Grafik deutlich werden.

6 - Gingerol.   6 - Shogaol.

6 - Paradol.   Zingiberene.   Zingiberol.

Differenziertere Untersuchungen der letzten Jahre haben einen tieferen Einblick in die Gestalt dieser Wirkstoffe ermöglicht. Gingerol hat sich dabei als eine ganze Stoffgruppe sehr ähnlicher Gingerole herausgestellt,
die als (6)-Gingerol, (8)-Gingerol und (10)-Gingerol bezeichnet werden, deren Numerierung auf die Zahl der
Kohlenstoff-Atome in der Seitenkette verweist. Diese
drei Gingerole machen ein Drittel des Oleoresins aus.
Die anderen Stoffe, Shogaol und Zingeron, kommen
ebenfalls mit unterschiedlich langen Seitenketten vor,
die mit (6)-, (8)- und (10)-Shogaol sowie (6)- und (8)-
Zingeron benannt sind. Gingerol ist die schärfste Sub-

stanz im Ingwer, gefolgt von Zingeron und Shogaol. Bemerkenswert ist, daß Gingerol bei längerer Lagerzeit zu
Shogaol umgebaut wird, was von der chemischen
Struktur her nicht sehr verschieden ist – womit gleichzeitig erklärt ist, warum der Ingwer an Schärfe verliert,
wenn er jahrelang im Gewürzregal einstaubt.

Es gibt noch weitere, in geringeren Maßen vertretene
Bestandteile: (6)-, (8)- und (10)-Paradol; (4)-, (6)-, (8)-
und (10)-Gingediol; (6)-Methylgingediol; (4)- und (6)-
Gingediacetate und Hexahydrocurcumin. Auch sie tragen zum Aroma und zur medizinischen Wirksamkeit
des Ingwers bei, sind aber weniger bedeutend.

Diätetische Möglichkeiten des Ingwers

Während wir nicht erwarten können, daß der Ingwer
einen großen Beitrag zur alltäglichen Ernährung leistet, kann er doch dazu beitragen, daß unser Körper aus
dem, uns satt macht, alle wertvollen Bestandteile
herausholt. Grund dafür sind die medizinisch wirksamen Bestandteile, die wie Möbelpacker die Wirkstoffe
der Nahrung auf der Schulter durch die Magenwände
tragen, sie auf dem »Fließband« des Blutkreislaufs abla-
den und so dafür sorgen, daß sie möglichst schnell ans
Ziel gelangen. Darüber hinaus enthält der Ingwer aber
auch noch ein oder zwei interessante Stoffe, die speziell der Verdauung dienen: Zum einen enthält er eine
gute Dosis Protease, die als katalytische Substanz, die
auch im Magensaft vorkommt, zur raschen Verdauung
von Fleisch beiträgt. Wie schon im ersten Kapitel erwähnt, ist Ingwer ein natürlicher Fleischzartmacher.
Mit Sicherheit würde er uns bei der Verdauung unserer

Fleischmahlzeiten helfen, und das mag auch einer der Gründe sein, weshalb er in China und anderen Ländern Asiens zum festen Bestandteil vieler Fleischgerichte gehört. Außerdem enthält er Lipase, ein Enzym, das der Verdauung von Fetten dient.

Die anderen bemerkenswerten Substanzen sind Anti-Oxidantien, die Lebensmittel davor bewahren zu verderben oder ranzig zu werden. Solche Stoffe werden den heutigen Fertigprodukten meistens künstlich hinzugefügt. Ingwer hat sich als das beste Anti-Oxidationsmittel erwiesen, das die Natur uns schenkt; und wenn er diese Wirkung auf Lebensmittel hat –

Oxidation läßt freie Radikale entstehen

warum sollte er dann nicht genauso auf unseren Körper wirken? Oxidation im Körper verursacht die Bildung von freien Radikalen, zerstörerischen Molekülen, die zur Entstehung vieler degenerativer Krankheiten wie Arteriosklerose oder vorzeitiger Alterung beitragen. Außerhalb des Körpers wirkt Ingwer derartigen Zerstörern entgegen. Ob er diese Wirkung auch im Körperinneren hat, ist bislang unerforscht. Immerhin ist aber die wissenschaftliche Vermutung angestellt worden, daß die vorbeugende Wirkung gegen einen überhöhten Cholesterinspiegel auf der antioxidativen Wirkung des Ingwers beruht. Cholesterin kann leichter abgebaut werden, wenn es nicht zuvor oxidiert ist.

Die medizinisch wirksamen Bestandteile

Der aufregendste Aspekt dieser chemischen Sezierung ist die Möglichkeit, aus den Ergebnissen zu erklären, welche Substanzen eine Wirkung auf den Körper haben

und weshalb. Indem wir zum Beispiel die Wirkung jeder einzelnen Substanz auf den Magen testen, können
wir Aussagen darüber machen, welche nun tatsächlich
magenberuhigende Wirkung hat. Vielleicht erhalten
wir dabei außerdem Aufschluß über das chemische Zusammenspiel der einzelnen Inhaltsstoffe, aus dem sich
die wohltuende Wirkung der ganzen Pflanze erklärt.
Allerdings lassen sich diese Mechanismen nie hundert-
prozentig aufklären, weil sich die harmonische Gesamtwirkung aus derart vielen unterschiedlichen Faktoren zusammensetzt, daß es auch bei intensiv er-
forschten Pflanzen wie Knoblauch nicht gelungen ist,
das Geheimnis gänzlich zu lüften. Immerhin, ein Anfang ist gemacht.
Sie mögen sich vielleicht fragen, ob diese komplizier-
ten chemischen Untersuchungen überhaupt der Mühe
wert sind. Tatsächlich hat die Identifizierung isolierter
chemischer Substanzen in der Pflanze auch innerhalb
der ganzheitlichen und naturnahen Bewegung keinen
guten Ruf: Die Isolierung führe dazu, eine als Heilmittel harmonisch wirksame Pflanze auf eine kleine weiße
Pille zu reduzieren, die nur einen Wirkstoff enthält. So
sieht tatsächlich die Vorgehensweise in der pharmazeutischen Industrie häufig aus. Trotzdem gibt es einen
triftigen Grund für diese Art chemischer Analyse, der
mit kommerzieller Verwertbarkeit nichts gemein hat:
Wenn wir über die wirksamen Bestandteile der Pflanze
Bescheid wissen, haben wir damit die Möglichkeit, die
für den jeweiligen Zweck geeignetste Sorte zu wählen
und können außerdem die Stärke und Konzentration
der Wirkstoffe überwachen, um Überdosierungen zu
vermeiden, ohne auf die Produkte der Pharmakonzerne
angewiesen zu sein.
Im Falle des Ingwers haben Laboruntersuchungen erge-

ben, daß die medizinisch wirksamen Bestandteile weder im Stärke- oder Mineralgehalt noch in den wasserlöslichen Substanzen zu suchen sind. Auch dem ätherischen Öl fehlt trotz des typischen Geschmacks die spezifische Ingwer-Wirkung. Das Oleoresin ist der medizinische Wirkstoff des Ingwers, und hier stehen besonders Gingerol und Shogaol im Vordergrund, unterstützt von einigen anderen Oleoresin-Komponenten.

Wissenschaftler der pharmazeutischen Hochschule von Kyoto haben sich besonders der Erforschung der gegen Übelkeit und Erbrechen wirksamen Ingwer-Substanzen gewidmet. Der Brechreflex des Magens wird vom Nervensystem über einen Serotonin genannten Botenstoff kontrolliert, der den Magen zu den heftigen Kontraktionen veranlaßt, die uns als Erbrechen bekannt sind. Dabei stellten sie fest, daß das Oleoresin diesen Stoff ausgesprochen wirksam blockiert. Dr. Johij Yamahara und seine Kollegen forschten weiter. Sie isolierten die Einzelsubstanzen des Oleoresins und erkannten in der Substanz Gingerol den hauptverantwortlichen Serotonin-Blocker.

Zehn Jahre zuvor war das Forschungsteam bezüglich anderer Wirkungen des Ingwers bereits zum gleichen Ergebnis gekommen. Es fand heraus, daß Gingerol der Stoff ist, der sowohl die erhöhte Gallenproduktion **Gingerol steigert die** als auch die gesteigerte Leberaktivität **Aktivität von Leber** bewirkt, was auch mit dem Hauptweg **und Galle** der Cholesterin-Ausscheidung übereinstimmt, womit der Schluß naheliegt, in den Gingerolen auch den cholesterinreduzierenden Stoff des Ingwers zu sehen.

Wie schon dargestellt, hemmt Ingwer die Produktion der Prostaglandine, worauf möglicherweise seine wär-

mende und durchblutungsfördernde Wirkung zurückzuführen ist. Wissenschaftler konnten nachweisen,
daß diese Eigenschaft auf verschiedenen chemischen
Verbindungen des Ingwers beruht. Einige davon gehören zu den Gingerolen. Gleichzeitig wurden aber eine
Reihe anderer Bestandteile des Oleoresins als in dieser
Hinsicht hochwirksam erkannt – de facto sogar wirksamer als das synthetische Indomethazin, das zu den
stärksten entzündungshemmenden, Prostaglandin-re-
duzierenden Medikamenten gehört. Es sind die Ginger-
dione und die Dehydrogingerdione. Das Interessante
an diesen Forschungsergebnissen ist, daß beide zu den
Grundstoffen gehören, aus denen die entsprechenden
Zellen wiederum die Gingerole produzieren. Es hat also
den Anschein, als wirke die gesamte Kette der scharfen
Ingwer-Substanzen zusammen, um die genannten Wirkungen im Körper hervorzurufen.

Natürlich ist auch das wieder nur ein Teil der Wahrheit.
Anzunehmen ist, daß es Wirkungen gibt, bei denen andere Verbindungen des Ingwers zum Tragen kommen –
zum Beispiel, wenn es um Erkältungen und Grippe
geht, wo der Körper zum Schwitzen gebracht werden
soll und die traditionelle Medizin eher frischen Ingwer
empfiehlt, der weniger scharf ist, aber dafür mehr ätherisches Öl enthält. Übrigens werden auch menthol-
und thymianhaltige Kräutertees gegen Erkältungen ihrer ätherischen Öle wegen empfohlen. Offensichtlich
kann die Schärfe des Ingwers nicht alles bewirken.
Trotzdem untermauern diese Forschungen die Auffassung der traditionellen Medizin, daß getrockneter Ingwer das geeignetere Mittel bei Magenproblemen und
Entzündungen sowie zur Senkung des Cholesterinspie-
gels ist.

Außerdem legen diese Forschungsergebnisse nahe, daß

der scharfe Ingwer gleichzeitig der medizinisch wir-
kungsvollste ist. Wir sollten für diese Zwecke also afri-
kanischen oder ungeschälten indischen Ingwer verwenden. Schälen ist schön und gut, was das Aussehen
angeht, reduziert aber den Wirkstoffgehalt. Es ist schon
eigenartig, wenn man daran denkt, daß im Kompendi-
um der Britischen Pharmakologie immer der jamaika-
nische Ingwer als Grundlage medizinischer Sirups und
Hustenmittel empfohlen wurde, weil er besser aussah
und deshalb als qualitativ hochwertiger angesehen
wurde. Einige Bücher nennen sogar ausdrücklich den
»Jamaika-Ingwer« zur medizinischen Verwendung. Inzwischen hat die Forschung gezeigt, daß diese Sorte
zwar optisch ansprechend, dafür aber teurer und wenig
wirksam ist. Vielleicht hätte sich die Kommission statt
auf Gewürzexperten auf die traditionelle Pflanzenheilkunde verlassen sollen.

Unser Wissen über die wichtigsten Wirkstoffe des Ingwers öffnet uns aber noch eine weitere Tür. Wir können
chemisch nachprüfen, ob diese Bestandteile tatsächlich in einem Ingwer-Medikament oder anderen ing-
werhaltigen Mitteln vorkommen. Nehmen wir an, ich
will in der Apotheke eine Packung Ingwer-Kapseln er-
stehen und lese auf dem Etikett, daß das Mittel Ingwer
enthält. Woher weiß ich dann, wie stark dieser Ingwer
war? Er könnte sehr schwach gewesen sein oder womöglich überhaupt kaum noch wirksame Bestandteile
enthalten haben (zum Beispiel, weil die Fabrik nur Ing-
werreste verwendet hat, denen schon alle löslichen Bestandteile entzogen wurden). Was bliebe mir anderes
übrig, als dem Fabrikanten zu vertrauen? Aber woher
weiß er, wie der Ingwer beschaffen sein muß, um die
gewünschten Wirkstoffe zu enthalten? Solange Unklar-
heit darüber herrscht, welche Substanzen welche medi-

zinischen Wirkungen haben, können weder Laien
noch die pharmazeutische Industrie entscheiden, worauf beim Ingwereinkauf zu achten ist. Alles das ist
längst Vergangenheit. Der Pharmazeut weiß inzwischen, daß er dafür sorgen muß, möglichst viele Gingerole und andere scharfe Substanzen des Ingwers in
seine Pillen zu bekommen. Wenn er nicht über die nö-
tigen Analysemöglichkeiten verfügt, dann sollte er
seinem Zulieferer aufbürden, für seine Ware den Nach-
weis über einen gewissen Mindestgehalt an bestimmten Stoffen zu führen. Gegenwärtig ist es möglich,
Ingwerextrakt mit einer standardisierten Menge Gingerole zu produzieren, was besagt, daß dieser Mindestgehalt für jede Einheit durch eine entsprechende Analyse
garantiert ist. Allerdings gibt es meines Wissens bis
jetzt nur eine Firma (Botanicare in Kiryat Shemona, Israel), die einen speziell auf medizinische Verwendun-
gen abgestimmten Ingwerextrakt produziert.

Um Ihnen eine Vorstellung davon zu vermitteln, welchen Reichtum an Substanzen der Ingwer in sich verei-
nigt, hier die nachfolgende Tabelle, die Dr. James A.
Duke, einer der weltweit führenden Experten für medizinische Pflanzen, erstellt hat. Er arbeitet am United
States Department of Agriculture in Beltsville, Mary-
land. Die Tabelle bietet lediglich einen Überblick über
die Bestandteile des Ingwers, die eine medizinische
Wirkung haben können. Letztlich ist die Wirkung des
Ingwers auf unseren Körper ein einzigartiges und komplexes Zusammenspiel vieler Faktoren, wie eine Sinfo-
nie, die aus den einzelnen Stimmen der verschiedenen
Instrumente eine Gesamtharmonie schafft.

DIE CHEMIE DES INGWERS

Substanz	Wirkung
Asparagin	harntreibend
Borneol	analgetisch, entzündungshemmend, fiebersenkend, leberschützend
Chavicol	fungizid
Cineole	anästhetisch, lösend bei Halsschmerzen und Husten, antiseptisch, blutdrucksenkend
Citral	antihistaminisch, antibiotisch
Cumen	narkotisch
Cymen	gegen Grippe und Viren, fungizid, insektizid
Dehydrogingerdion	Prostaglandin-Hemmer, leberstärkend
Geraniol	anti-Candida, insektizid
Gingerdion	Prostaglandin-Hemmer
Gingerol	analgetisch, fiebersenkend, stärkt und beruhigt den Magen, durchblutungsfördernd, blutdrucksenkend
Hexahydrocurcumin	leberstärkend, regt Gallensekretion an
Limonen	hautreizend, insektizid
Linalool	krampf-vorbeugend, antiseptisch
Myrcen	bakterizid, insektizid, muskelentspannend
Neral	bakterizid
Pinien	schleimlösend, insektizid
Shogaol	analgetisch, fiebersenkend, sedativ, gefäßverengend, blutdrucksteigernd
Zingeron	blutdrucksteigernd

Zusammenfassung

Die chemische Analyse isoliert als spezifische Bestandteile des Ingwers erstens ätherisches Öl und zweitens das Oleoresin. Die leicht flüchtigen Öle bestimmen Geschmack und Aroma der Pflanze und variieren je nach Herkunftsland und Lagerdauer. Oleoresin konnte erst im vorigen Jahrhundert extrahiert werden. Es enthält die eigentlich medizinischen Wirkstoffe Gingerol und Shogaol. Die Analyse zeigt weiterhin das Vorhandensein von Protease, die als katalytische Substanz zur Fleischverdauung beiträgt. Die zusätzlich gefundenen Antioxidantien verhindern das Verderben von Lebensmitteln und beugen möglicherweise auch einem erhöhten Cholesterinspiegel vor.

7. Geschichten und Legenden

Es war einmal ein Bäcker, der formte einen wunderschönen Jungen aus Ingwerbrotteig. Er knetete eine Menge guten Ingwerpulvers in den Teig; er steckte Rosinen als Augen und Mantelknöpfe in den Leib; und dann schob er ihn in den heißen Ofen hinein. Als der Teig fertig gebacken war, nahm er die Bäckerschaufel und holte ihn wieder aus dem Ofen. Der Ingwerbrotjunge hatte eine knusprigbraune Farbe bekommen, und er duftete süß und schwer. Wie der Bäcker so dastand und ihn bewunderte, sprang ihm der Junge von der Schaufel. Er warf ihm über die Schulter einen spöttischen Blick zu und rief:»Ich bin der Ingwerbrotjunge, du fängst mich nie!« Weg war er, und der Bäcker rannte mit flatternder Schürze hinterher, ohne daß er ihn zu fassen bekam. Als der Junge durchs Dorf rannte, sah ihn die Katze und rief:»Halt!«, weil er so köstlich duftete. Aber der Ingwerbrotjunge warf ihr über die Schulter einen spöttischen Blick zu und rief:
»Lauf, lauf, lauf, du hältst mich nicht auf,
ich lauf geschwind wie der Wind, bin das Ingwerbrotkind!«
Eins nach dem anderen versuchen alle Tiere des Dorfes, die Kuh und der Hahn, der Esel und die Ziege, den Jungen in seinem Lauf anzuhalten, um ihn aufzufressen,

aber keines kann ihn fangen. Schließlich kommt der Ingwerbrotjunge an den Fluß. Während er überlegt, wie er übersetzen soll, kommt der Fuchs: »Ich werde dich hinübertragen.« »Nein, du wirst mich auffressen«, entgegnet der Ingwerbrotjunge. Nach langem Hin und Her gelingt es dem Fuchs, den Jungen zu überreden. Er nimmt ihn auf den Rücken, und in der Mitte des Flusses macht der Fuchs dem Ingwerbrotjungen den Garaus.

Diese Fabel gibt viel vom Wesen des Ingwers wieder. Aromatisch und köstlich, so daß schon ein kurzer Moment ausreicht, um seinen Duft in die Nase zu bekommen. Und er ist schnell. Alle, die ihn riechen, werden von seinem warmen Duft aus ihrem Alltagstrott gerissen und rennen ihm hinterher. Die Geschichte ist eine Allegorie des Ingwers, der sich rasend schnell durch den Körper bewegt, alle Hindernisse überwindet und das ganze System wärmt und in Bewegung bringt. Tatsächlich kann es keinen treffenderen Vergleich geben, als ein verschlafenes englisches Dörfchen, um die Lethargie des Körpers, dessen Kreislauf durch Ingwer in Schwung gebracht wird, zu versinnbildlichen.

In England wohnt auch die Hexe aus »Hänsel und Gretel« nicht im Pfefferkuchen – sondern im Ingwerbrothaus. Die böse Hexe benutzt den köstlichen Ingwerduft – als Metapher der kindlichen Lebendigkeit und Neugier –, um die beiden anzulocken. Außerdem weckt dieser Duft ein Gefühl häuslicher Geborgenheit, dessen wohltuender Wirkung man vertraut.

Ingwerbrot ist in England immer beliebt gewesen. Königin Elizabeth I. schätzte es sehr, und es wird als traditionelle Speise in allen Gegenden des Landes mit phantasievollen Namen bedacht. Früher wurden die Ingwerbrotmänner häufig als »Ehemänner« bezeichnet, womit sicherlich auf ihre wärmenden Qualitäten angespielt wurde. Bis heute dürfen sie weder auf Jahrmärkten noch auf Festen fehlen. Manchmal in Buchstabenform gebacken oder mit häufig anzüglichen Inschriften versehen, werden sie als neckische Gabe einem Angebeteten verehrt. Ein Brauch, der eine erotisch-stimulierende Ingwerwirkung andeutet.

Über den Ingwer kursieren, genauso wie über andere Medizinpflanzen, zahlreiche Legenden und Märchen, aus denen sich die volkstümlichen Erfahrungen mit seinen Wirkungen herauslesen lassen. Dem traditionellen Denken gelten die heilenden Eigenschaften der Pflanzen als Geschenk der Götter, dem Menschen zum Segen, nicht, wie die moderne Wissenschaft annimmt, **Im magischen Volks-** als Produkt des Zufalls. Die Dorfgemein-**glauben gilt Ingwer** schaften seiner Herkunftsländer schrei-**als Bewahrer vor** ben dem Ingwer magische Kräfte zu: **Unglück und Hunger** Zum Beispiel wird er im Osten Papua-Neuguineas dazu gebraucht, den Körper vor einem Zauberritual aufzuwärmen. Außerdem wird er gekaut und ausgespuckt, um vor plötzlichen Gewittern auf See zu schützen, oder er wird auf die wertvolle Fracht in den Kanus gespuckt, um sie vor Übeln zu bewahren. Der Anthropologe Bronislaw Malinowski hat bei seinem Besuch auf den Tobriand-Inseln in den Jahren 1915–18 beobachten können, daß die Dorfbewohner eine besondere Art wilden Ingwers für ihre rituellen Erntezeremonien verwendeten. Überdies spuckten sie gekauten Ingwer an die Stellen, wo Wege von außen ins Dorf führten, um Unglück und Hunger vom Dorf fernzuhalten und den Einzug von Wohlstand zu begünstigen.

Im Mittelalter waren die Leute so begeistert von dem wunderbaren Duft und Geschmack des Ingwers sowie von seinen hilfreichen Eigenschaften, daß sie ihn für einen Direktimport aus dem Paradies ansahen. Im Jahr 1305 reiste Sir Jean de Joinville mit König Ludwig dem Heiligen nach Ägypten. Seine Aufzeichnungen berichten über den dort weitverbreiteten Glauben, daß die ägyptischen Gewürze aus dem irdischen Garten Eden stammten. Er wird von den vier großen Strömen Ganges, Tigris, Euphrat und Nil umgeben, die alle Gewürze, die in ihr Wasser fallen, mit sich forttragen. Wo der Nil wieder an die Oberfläche kam, warfen Fischer abends ihre Netze aus, und wenn sie Glück hatten, waren sie am Morgen mit »Zimt, Ingwer, Rhabarber, Gewürznelken, Aloe und anderen guten Dingen« gefüllt.

Die ehrwürdige Geschichte aus der Frühzeit des Ingwers

Im Jahr 1972 wurde in China die vollständig erhaltene Grabstätte der Gemahlin des Fürsten von Tai gefunden, deren Tod auf kurz nach 168 v. Chr. datiert wird. In ihm fand man Bambusgefäße und tönerne Krüge, die eine große Zahl von Lebensmitteln einschließlich Ingwer enthielten; andere Gewürze waren Zimtstangen, Pfeffer und Galgant. Diese Entdeckung ist ein deutlicher Hinweis auf die Bedeutung des Ingwers im Orient schon in frühester Zeit, und wir können davon ausgehen, daß er auch damals schon ein wesentlicher Bestandteil der Kultur gewesen ist. Alle großen, alten Herbarien führen den Ingwer auf, darunter das alt-ehrwürdige *Shen Nung Pen Tshao Tching,* auch als »Handbuch des Himmlischen Hausherrn« bekannt, ein klassischer Text, der eine fünftausendjährige Tradition der Pflanzenkunde verzeichnet.

117

Man sagt über Konfuzius, daß er als Nebengericht gern eine Schale Ingwer zu sich nahm. Die ersten überlieferten Rezepte Chinas, genannt die »Acht Delikatessen«, wurden von Generation zu Generation weitergegeben, bis sie schließlich – wahrscheinlich durch Konfuzius – im Buch der Riten, *Li Chi*, aufgeschrieben wurden. Eines davon lautet folgendermaßen: »Um das Fleisch im Gitterrahmen vorzubereiten, klopften sie das Fleisch, salzten und häuteten es. Dann wurde es in einen Rahmen aus Schilfrohr gelegt und mit Stückchen Ingwer und Zimt bestreut. Es konnte gegessen werden, wenn es getrocknet war. Schafsfleisch wurde auf die gleiche Weise wie Rindfleisch zubereitet, ebenso das Fleisch des Elchs, des Rens und des Schopfhirsches.«

Die Überlieferung aus den ersten Jahrhunderten nach Christus deutet darauf hin, daß Ingwer als Würzmittel für getrockneten Fisch und Fleisch zusammen mit Pfeffer, Salz und gesalzenen Bohnen verwendet wurde. In der Zeit der Tang-Dynastie (618–907 n. Chr.) wurde zum ersten Mal Wildbret mit Ingwer und Essig als Tonikum empfohlen; beliebt war diese Speise aber auch einfach ihres Geschmacks wegen.

Die Chinesen lieben Ingwer auch mit Honig gesüßt; als Marco Polo im Hochmittelalter China bereiste, sah er, **Marco Polo berichtet** daß in Honig eingelegter und kandierter **aus China von** Ingwer auf den Straßen verkauft wurde, **kandiertem Ingwer** besonders zur Zeit des einbrechenden Winters. Außerdem aromatisierten sie ihren Tee mit Ingwer oder Mandarinenschalen. Wein, allgemein aus Reis oder Hirse hergestellt, wurde ebenfalls mit Ingwer, manchmal auch mit Pfeffer, Chrysanthemen, Granatapfelblüten oder Safran aromatisiert.

Die Chinesen waren große Händler auf dem Chinesischen Meer sowie auf dem Indischen Ozean und dem

Pazifik. Der nordafrikanische Weltreisende Ibn Battuta schreibt in seinem Reisebericht von 1349, daß er im Hafen von Calicut ihre riesigen Dschunken mit Segeln aus geflochtenem Bambus gesehen habe, auf denen tausend Mann fuhren. Die Seeleute nahmen ihre Familien mit an Bord, wenn sie ihre mehr als zweijährigen Handelsreisen antraten. »Die Seemänner leben zusammen mit Frau und Kindern in ihren Kabinen. Sie züchten selbst Kräuter zum Kochen, Gemüse und Ingwer in hölzernen Bottichen ... Auf der ganzen Welt gibt es kein reicheres Volk als diese Chinesen.«

Die Sitten haben sich kaum geändert: Ingwer findet immer noch genauso intensiv Verwendung wie in alten Zeiten. Im Norden ist er die übliche Zutat der Soßen für Fisch und Fleisch, während er im Süden eher als Gemüse denn als Gewürz verwendet wird; einige Köche verwenden ihn grundsätzlich zu allen Fleischgerichten. Außerdem spielt er eine wichtige Rolle bei rituellen Handlungen. In Hongkong findet er sich als Opfergabe in vielen Tempeln. Ein Reisender berichtet:»Ingwer, in großen Papierkonstruktionen der Gottheit dargebracht, diente dem Ziel einer erhöhten Fruchtbarkeit. Anschließend wird er bei einem Fest versteigert. Der Käufer wird innerhalb eines Jahres einen Sohn bekommen, wenn er alle geistlichen Regeln seiner Religion und der Gesellschaft befolgt.«

Im Westen hat sich Ingwer eingebürgert, seit es den Handel mit dem Osten gibt. Und das geht schon auf graue Vorzeit zurück. Vor mehreren tausend Jahren schon gab es Schiffe, die von der indischen Malabarküste aus die Häfen der arabischen Länder ansteuerten, von wo aus die Gewürze mit den berühmten Gewürzkarawanen nach Ägypten gelangten. Es muß eine dieser ismaelitischen Karawanen gewesen sein, die vor

3500 Jahren Joseph aus dem Brunnen gezogen und ihn mit nach Ägypten genommen hat, und auch an anderen Stellen in der Bibel findet der frühe Gewürzhandel im Mittleren Osten Erwähnung.

Ingwer im klassischen Altertum

Gewürze aus fernen Ländern waren seit eh und je ein Maßstab für hochentwickelte Zivilisation. Wer es sich leisten konnte, seine Mahlzeiten mit exotischen Gewürzen zu bereichern, die eine kostspielige Reise zurückgelegt hatten, gehörte unzweifelhaft zur Oberschicht. Deshalb waren Gewürze in allen Hochkulturen eine begehrte Handelsware. Auf diesen Handel gründeten sich ganze Weltreiche, einschließlich des britischen. Tatsächlich war die Suche nach neuen Geschmacksrichtungen und Gerüchen eine entscheidende Triebfeder für die Entdeckung und Eroberung anderer Länder. Die alten Römer waren leidenschaftliche Konsumenten von Gewürzen, zusammen mit den verschiedensten Arten seltsamer Speisen und Arzneimittel. Sie importierten Waren aus dem Mittleren Osten und aus Indien, entweder über arabische Zwischenhändler oder durch eigene Handelsexpeditionen. Dabei teilten längst nicht alle Römer diese Leidenschaft für das Exotische. Gaius Plinius d. Ä., der seine »Naturgeschichte« im Jahr 77 n. Chr. verfaßte, gehörte zu den Tadlern dieses Brauches, gibt uns aber gleichzeitig (Kap. 12, 14) wertvolle Hinweise über den Ingwer:

»Die Wurzel des Pfefferbaumes ist nicht, wie einige Leute gedacht haben, das gleiche wie der Stoff, der Gingiberi oder von anderen auch Zingiberi genannt wird, obwohl ihr Geschmack ähnlich ist. Gingiberi wird in Arabien und von den Troglodyten angebaut; er ist eine kleine Pflanze mit einer weißen Wurzel. Die Pflanze ist trotz ihrer außerordentlichen Schärfe leicht verderblich. Ihr Preis beträgt sechs Denar das Pfund. Es ist merkwürdig, daß der Gebrauch des Pfeffers so in Mode gekommen ist. Manche Dinge genießt man ihres süßen Geschmacks wegen, der sie anziehend macht, bei anderen ist es das hübsche Aussehen; aber Pfeffer hat nichts an sich, wodurch er sich uns empfiehlt, weder in den Beeren, noch in den Samenkörnern. Wenn man bedenkt, daß die einzige erwünschte Eigenschaft in seiner Schärfe liegt und daß wir dafür bis nach Indien reisen müssen! Wer mag der erste gewesen sein, der es wagte, ihn über das Essen zu streuen? Oder war es jemand, der in seiner Gier nach neuem Geschmack mehr vom Appetit als vom Hunger geleitet wurde? Sowohl Pfeffer wie auch Ingwer wachsen in ihren Herkunftsländern auch wild, trotzdem werden sie hier nach dem Gewicht bezahlt wie Gold und Silber.«

Anscheinend haben die Römer ihren Ingwer aus dem Jemen an der Südwestküste der arabi- **In Altertum und** schen Halbinsel bezogen. Dort gab es, be- **Mittelalter war** vor der große Damm bei Marib im sech- **Ingwer schon in** sten Jahrhundert n. Chr. zerstört wurde, **Europa verbreitet** fruchtbares, gut bewässertes Land. Nach Plinius berichtet Ptolemäus um das Jahr 150 n. Chr. herum, daß Ingwer aus Ceylon importiert würde: »Die Produkte aus Ceylon sind Reis, Honig, Ingwer, Beryll, Edelsteine, Metalle aller Arten, auch Gold und Silber, dazu Elefanten und Tiger.« Ingwer taucht in sechs Rezepten des berühmtesten römischen Kochbuches auf, dem des Api-

cius aus dem vierten bis fünften Jahrhundert n. Chr.
Ingwer war eines der wenigen Arzneimittel, das die römischen Ärzte mit sich trugen, wenn sie die römischen Legionen auf ihren Feldzügen begleiteten. Die anderen fanden sie vor Ort oder bauten sie selbst an.

Der Gewürzhandel fiel dem Niedergang des Römischen Reiches nicht zum Opfer, im Gegenteil, die christlichen Missionare brachten weiterhin alle möglichen Arzneipflanzen, einschließlich des Ingwers, nach Europa und verbreiteten sie dort. Im siebten und achten Jahrhundert war Marseille der wichtigste Hafen im Gewürzhandel, weil die Merowingerkönige die Stadt von Steuern befreit hatten. Aus dem neunten Jahrhundert gibt es einen Beleg, daß die Mönche von Corbie planten, diverse Gewürze in Cambrai im Nordosten Frankreichs einzukaufen: Pfeffer, Ingwer, Zimt, Galgant, Myrrhe, Thymian, Gewürznelken, Salbei und Mastix. Mit zunehmender Bedeutung des Islam waren es die Mongulherrscher, die über die Gewürzländer des Ostens regierten. Arabische Händler konnten ihr Gewürzmonopol über Jahrhunderte hinweg aufrechterhalten.

Arabische Nächte

In der arabischen Welt hat Ingwer immer eine bedeutende Rolle gespielt. Im Koran wird er erwähnt (76, 15 bis 17), Mohammed selbst war in jungen Jahren Gewürzhändler, und unter allen arabischen Händlern waren die vornehmsten die, die Handel mit Gewürzen betrieben. Denn sie handelten mit dem wunderbar Fremdartigen. Auch in der arabischen Dichtkunst

spielt der Ingwer eine Rolle, den Märchen von 1001
Nacht gilt er als Aphrodisiakum. Alles, was das Blut erhitzt, kann diese Wirkung haben, nicht zuletzt in der
sinnlich-erotischen Welt dieser Geschichten.
Viele der arabischen Händler ließen sich an der Südwestküste Indiens, der Malabarküste nieder, von deren
berühmten Hafenstädten Quilon, Cochin und Calicut
aus der Ingwer in seine Bestimmungsländer verschifft
wurde. Benjamin von Tudela, der in den Jahren 1160
bis 73 von Spanien aus dorthin reiste, gibt folgende Beschreibung:

»Von dort an ist es eine siebentägige Reise nach Khulan
(Quilon), wo das Land der Sonnenanbeter beginnt. Sie
sind die Söhne des Kush, die die Sterne lesen und alle
schwarz von Farbe sind. Sie sind ehrlich im Handel.
Wenn Händler aus fernen Ländern zu ihnen kommen
und in den Hafen einfahren, sendet ihnen der König
drei seiner Sekretäre entgegen, um ihre Namen zu erfahren und sie zu ihm zu bringen. Daraufhin trägt der
König die Sorge für ihr Eigentum, das sie offen und un-
beschützt liegenlassen können. Pfeffer ist in diesem
Land zu finden. Sie pflanzen die Bäume eigens zu diesem Zweck an, und jeder Mann aus der Stadt kennt seine eigenen Bäume. Die Bäume sind klein, und der Pfeffer ist weiß wie Schnee. Wenn sie ihn geerntet haben,
füllen sie ihn in Töpfe und überschütten ihn mit kochendem Wasser, damit er stark wird. Dann nehmen
sie ihn aus dem Wasser und trocknen ihn in der Sonne,
wo er eine schwarze Farbe annimmt. Zimt und Ingwer
und viele andere Gewürze lassen sich in diesem Land
finden.«

Ingwer in Europa

Ingwer ist schon immer mit Pfeffer in Verbindung gebracht worden. In den Zeiten des Jahrhunderte wäh-
renden Gewürzhandels zwischen Asien und Europa hat
der Pfeffer immer an erster Stelle gestanden, gefolgt
von Ingwer.

Die Geschichte des Ingwers im europäischen Mittelalter ist die Geschichte des Gewürzhandels, mit den
verschiedenen Handelswegen von West nach Ost, die
einmal an Bedeutung gewannen, dann wieder verloren, aber immer lebhaft frequentiert waren – der See-
weg von Asien über die arabische Halbinsel nach Europa ebenso wie die großen Karawanenstra-
ßen über Persien und die Türkei oder
durch Turkestan und Rußland. Gewürze
wurden verwendet, um die Speisen haltbar und aroma-
tischer zu machen, aber auch als Arzneimittel. Sie waren gesellschaftlich hochangesehene Statussymbole,
so daß die Preise in Europa hoch klettern konnten.
Steuern wurden mitunter in Form von Pfeffer bezahlt,
ebenso in Form von Ingwer: Im Mittelalter besteuerte
der Erzbischof von Aix-en-Provence das Recht der jüdi-
schen Gemeinde auf Schulen und Friedhöfe mit Pfeffer, Ingwer und Wachs. Im mittelalterlichen Basel hieß
die Straße, wo die Gewürzhändler ansässig waren, Im-
bergasse.

Der Wunsch, die unbekannten Ursprungsländer der
Gewürze zu entdecken und sich damit die bislang von
den Arabern innegehabte Vormachtstellung im Gewürzhandel zu erobern, trieb die portugiesischen und
spanischen Könige dazu an, Magellan, Vasco da Gama,
Columbus und andere, weniger bekannte Entdecker

Gewürze waren im Mittelalter Statussymbole

auf Reisen zu schicken, wodurch die weißen Flecken auf den Atlanten mehr und mehr verschwanden. Anfang des sechzehnten Jahrhunderts wurden die Weltmeere von den Portugiesen kontrolliert, von daher auch ihre reichen Gewinne aus dem Gewürzhandel. Sie eroberten auch die indische Malabarküste, besonders Goa. Dann gelang es den Spaniern nur fünfzig Jahre später, Ingwer auf den karibischen Inseln heimisch zu machen, wo er sogar noch besser gedieh und ein reicheres Aroma entwickelte. Schließlich lösten die Niederlande, später England die Spanier in ihrer Vormachtstellung ab und beherrschten den Gewürzhandel in Indien und Südostasien. Über den Suezkanal kamen die Gewürze nach London, das sich zu einem der wichtigsten Zentren des Gewürzhandels entwickelte. Die Lagerhäuser der Docklands waren genauso bis an die Decke vollgestapelt mit in Jutesäcke verpackten Gewürzen wie die Lager von Cochin.

Ingwer taucht in allen Perioden der englischen Literatur immer wieder auf; er war weitverbreitet in den Haushalten, wenn auch vielleicht manchmal besonderen Anlässen vorbehalten. Chaucer beschreibt in seinem »Rosenroman« (*Romance of the Rose*) einen wundervollen Garten:

There was eke wexyne many a spice
As clowe-gelope, and lycorice
Gyngevre, and greyn de Paradys,
Canell, and setewale of prys,
And many a spice delitable
To eten whan men rise fro table.

Da wuchs so manches Würzkraut fein
Als wie Lakritz und Nägelein,

Wacholder, Ingwer aus dem Paradeis,
Gelbwurz und Zimt von hohem Preis
und noch viel gutes scharfes Kraut,
das uns die Speise wohl verdaut.

Der berühmte englische Poet des vierzehnten Jahrhunderts erwähnt die exotischen Gewürze Nelke (clowe) und Zimt (canell) sowie Kurkuma bzw. Gelbwurz (setewale, später auch setwall). Shakespeare läßt den Ingwer mehrmals einfließen. In »Ein Wintermärchen« wird ein Fest vorbereitet, und in diesem Zusammenhang erwägt man, »eine Knolle Ingwer oder zwei« vom Nachbarn zu borgen. In »Liebes Leid und Lust« sagt Costard diesbezüglich: »Und hätte ich auf der Welt nur einen Pfennig, du solltest ihn haben, um dir Ingwerkuchen zu kaufen.« Und Salino spottet im »Kaufmann von Venedig«: »Ich wollte, sie wäre eine so lügenhafte Klatschbase als je eine Ingwer schnibbelte.«
Mit Sicherheit war dieser »geschnibbelte Ingwer« ebenfalls eine Zutat für irgendeine volkstümliche Köstlichkeit.
Ein wunderbarer englischer Bauch verwendet den Ingwer, um Bier oder Porter zu würzen. Jahrhunderte hindurch war es üblich, daß auf dem Tresen englischer Wirtshäuser ein Krug mit Ingwer stand, aus dem sich die Gäste bedienen konnten. Besondere Würze erhielt das Bier, wenn es außerdem mit einem heißen Schürhaken erwärmt wurde.

Ingwer in der traditionellen Kräuterheilkunde des Westens

Die westlichen Kräuterkundigen haben den Ingwer mit Sicherheit ebenfalls geschätzt und gebraucht, wenn auch nicht im gleichen Umfang wie ihre chinesischen und indischen Kollegen, denen er als heimische Pflanze verfügbar war. Der Anfang liegt, wen wundert es, bei den Griechen, die ihren Ingwer von arabischen Händlern bezogen und schon bald seine heilende Kraft erkannten. Pythagoras soll ihn als verdauungsfördernd und appetitanregend empfohlen haben. Galen, der wahre Vater der modernen Medizin, war von seinen wärmenden Fähigkeiten beeindruckt: »Er bewirkt eine kräftige Hitze, aber nicht beim ersten Kontakt wie Pfeffer.« Mit anderen Worten, er bewirkt ein verträglicheres, dafür aber anhaltenderes Feuer.

Im alten Rom war Ingwer eine der Zutaten des *Mithradaetum*, einer medizinischen Mixtur, die von den Ärzten des Königs Mithradates (80 v. Chr.) zubereitet wurde und ein Mittel gegen jedwede Art von Giften sein sollte. Es wurde zu einer der vier wichtigen Arzneien der Römerzeit.

Allen europäischen Kräuterkundigen war das klassische Altertum eine Quelle des medizinischen Wissens und der Anregung, denen sie ihre eigenen Entdeckungen hinzufügten. Der berühmteste Kräuterheilkundige der Renaissance, Gerard, schreibt bezeichnenderweise: »Ingwer, wie Dioscorides berichtet, ist recht und gut mit Fleisch in Saucen, ansonsten auch Beilagen; weil es erhitzende und verdauende Eigenschaften hat, und dem Magen wohltut, und wirkungsvoll sich allen Verdunkelungen des Augenlichts entgegenstellt ...«

127

Gerard hat tatsächlich sogar versucht, Ingwer in England anzubauen, aber er berichtet voller Bedauern, die Pflanzen seien dem Frost zum Opfer gefallen. Wahrscheinlich hatte er nicht das Glück, ein geschütztes, nach Süden gelegenes Gewächshaus zu besitzen.

Zur gleichen Zeit erlebte auch die arabische Heilkunde eine Blüte, und natürlich war der Ingwer nicht nur europäisches Handelsgut der arabischen Gewürzhändler, sondern nahm auch dort einen wichtigen Platz in der Hausapotheke ein. In einem Handbuch, das den Namen »Die Arznei des Propheten« trägt, verfaßt von Al Sayuti von Kairo im späten fünfzehnten Jahrhundert, lesen wir: »Ingwer ist heiß und trocken im dritten Grad und trocken im zweiten. Er zügelt übermäßige Feuchtigkeit. Er ist ein Helfer der Verdauung, stärkt die geschlechtliche Gemeinschaft und behebt Winde. Wenn das (im Mittelalter gebräuchliche) Abführmittel Turbith zu schwach ist, oder Ödeme vorhanden sind, dann wird die Wirkung durch Ingwer verstärkt. Er erreicht die Verflüssigung zähen Schleims. Ein Konfekt aus Ingwer besänftigt den Magen. Er ist hilfreich im Alter.«

Auch die arabische Medizin nutzte die Kräfte des Ingwers

Wir hatten bereits eine der vielen fixen Ideen Heinrichs VIII. erwähnt, der mit königlicher Sturheit darauf bestand, daß der Bürgermeister von London die Pest mit Ingwer bekämpfte. Aber er war nicht der einzige unter den gekrönten Häuptern Englands, der ein leidenschaftliches Verhältnis zum Ingwer entwickelt hatte. Königin Elizabeth I. hielt große Stücke auf ein Pulver, das hauptsächlich aus weißem Ingwer bestand, zusammen mit kleineren Anteilen Zimt, Kümmel, Anis und gemahlenem Fenchel, das sie »jedesmal vor oder nach einer Speise zu sich nahm, um Winde abzulassen, den Magen zu besänftigen und die Verdauung zu unterstützen«. In diesen historischen Anwendungen finden wir das wieder, was in den vorherigen Kapiteln behandelt wurde und was die meisten modernen Laboruntersuchungen bestätigen: daß Ingwer den Körper wärmt, die Durchblutung fördert und verbessert sowie ein gutes Magenmittel abgibt. Einige dieser wohltätigen Folgen wurden bereits erwähnt: bessere Durchblutung und Körperfunktionen im Alter und verstärkte sexuelle Potenz. Letzteres offensichtlich ebenfalls als Folge besserer Durchblutung und eines besseren Wärmehaushaltes, was sich in der Redensart niederschlägt, die jemanden mit gesteigerter sexueller Aktivität als »heißblütig« beschreibt.

Geschichte des Wortes Ingwer

Das heutige Wort »Ingwer« ist ohne große Veränderungen durch die indo-europäische Sprachgeschichte gegangen – einschließlich des Lateinischen und Griechischen. Das Griechische nennt ihn *Ziggiberis*; lateinisch *Zingiber*; französisch *Gingembre*, spanisch *Jejibre*; englisch *Ginger* und deutsch *Ingwer*. All diese Wörter leiten sich aus dem Sanskrit ab, der Mutter aller indo-europäischen Sprachen. Das Sanskrit-Wort lautet *Sringa-vera*, was »geweihförmig« bedeutet und seinerseits auf das Dravidische, eine prähistorische Form des Malayischen, zurückgeht, wo Ingwer *inchiver* genannt wird. Das arabische Wort ist *Zanjabil*, das hebräische *Zangvill*. Diese Sprachen sind mesopotamischen oder ägyptischen Ursprungs; auf jeden Fall haben sie das Wort, zusammen mit dem Gewürz, aus dem ferneren Orient übernommen.

Im modernen Hindi ist Ingwer unter dem Namen *Ada* oder *Adrak,* in verwandten Dialekten auch als *Adrakam* bekannt. Diese Namen beziehen sich aber nur auf frischen Ingwer. Getrockneter Ingwer dagegen heißt *Sunthi.*

Zusammenfassung

Um den Ingwer ranken sich mancherlei Legenden und Märchen, in denen die volkstümlichen Erfahrungen mit seiner anregenden Wirkung zum Ausdruck kommen. In seinen Herkunftsländern wurden ihm magische Kräfte zugesprochen, und im mittelalterlichen Europa glaubte man, er käme direkt aus dem Paradies. In China belegen uralte Schriften die Anwendung und große Bedeutung der Pflanze dort seit Tausenden von Jahren. Durch den Fernhandel kam er mit anderen Gewürzen schon seit dem Altertum nach Europa, ob nun Römer, Germanen oder Araber Herren des Gewürzhandels waren.

Auch die Heilkraft des Ingwers war im alten Griechenland und in Rom bekannt und wurde in Mittelalter und Renaissance durch das Studium antiker Autoren überliefert.

8. Die Herstellung von Ingwer-Arzneien und anderen Zubereitungen

E s gibt wenig Zweifel an der Tatsache, daß Pflanzen und Kräuter ihre Wirkung in frischer, unverarbeiteter Form am besten entfalten. Wenn ich ein bestimmtes Kraut benötige, dann gehe ich in den Garten, pflücke es oder grabe seine Wurzel aus und verwende es sofort anschließend. Und das ist dann der Augenblick, wo ich dem glücklichen Stern danke, der mich bei der vielen Arbeit in meinem Kräutergarten nicht hat müde werden lassen. Der Hauptgrund ist natürlich, daß ich weiß, was ich bekomme. Wenn ich die Kräuter getrocknet oder in Form von Pillen im Laden kaufe, muß ich darauf vertrauen, daß es die richtige Sorte ist (obwohl ich es kaum überprüfen könnte), ob es aber auch frisch genug ist oder womöglich schon den Großteil seiner Wirkstoffe eingebüßt hat, das weiß der Himmel. Weder über den Anbau weiß ich Bescheid, noch ob auch tatsächlich die Sorte mit dem optimalen Wirkstoffgehalt in ausreichender Dosierung verwendet wurde. Außerdem sind Verunreinigungen denkbar.

Sie mögen dem entgegenhalten, daß ein renommierter Hersteller von Kräuterarzneimitteln es sich nicht leisten kann, mit verunreinigten oder wirkstoffarmen Grundstoffen zu arbeiten. Das ist natürlich richtig. Nur

verfügen viele Hersteller nicht über die nötige Labor-
ausstattung, um die Qualität der Kräuter zu überprüfen. Zum Beispiel kann eine Schiffsladung Ingwerpulver aus dem Orient dem Aussehen nach in Ordnung
sein und trotzdem nicht mehr alle Wirkstoffe enthalten, weil womöglich zuvor schon jemand die wertvollen Bestandteile extrahiert hat, so daß dem europäischen Hersteller nur größtenteils wertlose Reste ange-
dreht werden. Solche Dinge geschehen, und nur durch
eine Laboruntersuchung kann der Betrug aufgedeckt
werden. Zum Beispiel enthalten fast alle der in Nord-
amerika mengenweise verkauften Mutterkraut-Tablet-
ten eine nur minimale Wirkstoffkonzentration, weniger als ein Zehntel dessen, was die Mutterkraut-Präpa-
rate enthalten, die in England verkauft werden. Grund
dafür ist die Verwendung der falschen Sorte schon
beim Anbau. Auch diese Erkenntnis war nur durch eine
Laboruntersuchung möglich.

Beim Ingwer ist das Problem weniger gravierend, weil
man die aktiven Bestandteile schmeckt. Es sind die
gleichen, die seine Schärfe bewirken – wenn er also
scharf schmeckt, ist er vermutlich in Ordnung. Bei anderen Kräutern ist die Sache schwieriger. Man muß

Die Qualität des schon ein veritabler Kräuterspezialist
Ingwers läßt sich am sein, um hier Qualitätsunterschiede
Geschmack schmecken zu können, zum Beispiel bei
erkennen Ginseng, Eleuthero, Echinacea und
wahrscheinlich bei den meisten anderen Kräutern
ebenfalls.

Außerdem kann man leicht ein Urteil fällen, wenn
man das ganze Rhizom sehen kann. Über die Pulver-
form zu urteilen ist viel schwieriger. Gemahlener Ingwer wird häufig mit Kalk oder Mehl gestreckt. Eine Untersuchung der kanadischen Zollbehörde ergab, daß

von 150 Proben gemahlenen Ingwers immerhin 21 eindeutig gestreckt waren, weitere 14 waren zweifelhaft. Auch gestreckter Ingwer oder solcher, dem die medizinisch aktiven Komponenten heimlich entzogen wurden, kann noch scharf schmecken, weil irgend jemand den miesen Trick erfunden hat, den Überresten Pfeffer unterzumischen, um damit den scharfen Ingwergeschmack vorzutäuschen. Ein anderes Problem, das bei Ingwer und anderen Arzneipflanzen auftaucht, ist die Verseuchung mit Bakterien, Pilzen oder sogar Insekten. Auf der anderen Seite sind die Rückstände der Bekämpfungsmittel gegen diese Übel womöglich noch schädlicher.

Was bleibt zu tun? Ich habe dazu zwei Vorschläge:

O Wie schon gesagt, empfehle ich, Ihren Gemüsehändler zu überreden, frischen Ingwer anzubieten; ansonsten ist auch Ingwer in ganzen »Händen« aus den Asien-Läden empfehlenswert. Sie können ihn später selbst frisch mit einer Reibe, getrocknet in einer Kaffeemühle oder im Mörser zerkleinern.

O Als Alternative bietet sich an, Ingwer in Tablettenform aus dem Reformhaus oder ähnlichen Bezugsquellen zu beziehen. In diesem Fall sollten Sie darauf achten, daß die Tabletten von namhaften Herstellern kommen, um die Wirkung sicherzustellen. Das Produkt kann aus Ingwerpulver oder Ingwerextrakt hergestellt sein, beides ist gleich wirksam, aber der Extrakt ist konzentrierter und reiner. Zweifelsohne ist ein standardisiertes Produkt das beste, weil es eine angemessene Wirkstoffkonzentration garantiert. In diesem Fall sollte auf der Packung der Gingerol-Gehalt angegeben sein, weil Gingerole die aktiven Komponenten sind.

Weniger empfehlenswert ist gemahlener Ingwer aus dem Gewürzregal im Supermarkt, auch wenn das vielleicht die billigere Variante ist. Wenn Sie allerdings keine andere Wahl haben, versuchen Sie lieber, gemahlenen Ingwer aus einem Asien-Laden zu kaufen als aus dem Lebensmittelgeschäft an der Ecke, weil Sie davon ausgehen können, daß die Menschen aus den Ursprungsländern des Ingwers die Qualität mit sehr kritischen Augen begutachten.

Dosierung

Die chinesische Medizin verschreibt Ingwer in einer Dosierung von mindestens drei und höchstens zehn Gramm täglich. Diese Dosis liegt etwas höher, als für eine Selbstbehandlung empfohlen werden kann; sie wird von erfahrenen Naturheilkunde-Ärzten oder Heilpraktikern zur Behandlung bestimmter Gesundheitsstörungen verschrieben.

Die meisten Leser dieses Buches sind wahrscheinlich medizinische Laien und wollen Ingwer vielleicht trotzdem in ihre Hausapotheke aufnehmen; als Teil einer gesundheitlichen Selbstversorgung in Fällen, die keinen Arztbesuch erfordern, zum Beispiel bei verdorbenem Magen oder Reisebeschwerden, die in ihrer Familie auftreten mögen. In diesem Fall empfehle ich Gaben von einem Gramm, was ungefähr einer Messerspitze entspricht, oder 100 mg Ingwerkonzentrat, falls Sie ihn in Tablettenform einnehmen. Bei frischem Ingwer nehmen Sie pro Einzeldosis etwa vier Gramm, also einen gestrichenen Teelöffel geriebenen Ingwer ein. In allen Formen können Sie je nach Bedarf bis zu vier Gaben Ingwer täglich einnehmen.

Bei Ingwerextrakt ist es etwas schwieriger, eine Dosierungsempfehlung abzugeben, ohne das Produkt zu kennen, weil es verschiedene Zubereitungsmöglichkeiten gibt. Am besten folgen Sie der Empfehlung des Herstellers. Die einmalige Dosis sollte aber das Äquivalent von einem Gramm getrockneten Ingwer nicht überschreiten. Eine geringere Einzeldosis kann durch mehrere über den Tag verteilte Gaben ausgeglichen werden. Auf jeden Fall sollte aber auf der Packung vermerkt sein, wieviel gemahlenem Ingwer eine Tablette entspricht.

In Englands amtlicher Arzneimittelliste von 1973 wird ein alkoholischer Extrakt als »Starke Ingwer-Tinktur« beschrieben, die gewonnen wird, indem man 500 Gramm Ingwerpulver auf einen Liter neunzigprozentigen Alkohol gibt. Die empfohlene Dosis beträgt 0,5 ml, was einem Viertelgramm Ingwer entspricht und mir zu therapeutischen Zwecken eine sehr geringe Dosierung zu sein scheint. Allerdings wurde die Tinktur von Apothekern eher als Aromastoff verwendet, weniger als Einzelmittel. Martindale's Arzneimittelhandbuch gibt ein Viertel bis ein Gramm je Einzeldosis an.

Wie man Ingwer-Arzneien selbst herstellt

Ingweröl

Dies ist ein nützliches Mittel gegen Kopfschmerzen und schmerzende Muskeln und Gelenke. Es ist leicht herzustellen, indem man ein Teil Saft von geriebenem Ingwer mit fünf Teilen Sesamöl vermischt. Diese Mi-

schung wird in die Haut eingerieben. Sie kann außerdem gegen Ohrenschmerzen angewendet werden. In
diesem Fall gibt man ein bis zwei Tropfen des Öls auf
einen kleinen Watte- oder Wollebausch, der vorsichtig
in das betroffene Ohr gedrückt wird.

Ingwer-Kompressen und Ingwer-Bäder

Beides wird zubereitet, indem man 100 Gramm frisch
geriebenen Ingwer in eine Mullwindel oder Kompresse
wickelt, diese in eine Schüssel mit heißem Wasser (ca.
70°, nicht kochend) legt, die Temperatur (zum Beispiel
durch ein Wasserbad) konstant hält, bis sich das Wasser
gelb färbt. Jetzt wird ein Handtuch mit der Flüssigkeit
getränkt und auf die betroffene Stelle aufgelegt, so
heiß, wie man es aushält. Der Vorgang wird solange
wiederholt, bis eine kräftige Hautrötung eine gesteigerte Durchblutung anzeigt. Gegebenenfalls muß die Flüssigkeit zwischendurch aufgewärmt werden. Angezeigt
bei Schmerzen, Schwellungen, Entzündungen, Gelenk-
schmerzen sowie einigen innerlichen Erkrankungen,
besonders als Brustwickel gegen Bronchialkatarrh.

Warme Ingwer-Packungen

Solche Packungen werden genauso wie Senfpflaster
und ähnliche Anwendungen gegen entzündliche Prozesse, Furunkel, Ausschlag, Bisse und Stiche auf die
Haut aufgebracht. Packungen aus Wegerich, Schwarz-
wurz oder Eibisch können Giftstoffe aus der betroffe-
nen Stelle ziehen und Entzündungen heilen. Echte Katzenminze, Lobelie oder Echinacea lindern Schmerzen
und Krämpfe. Ingwer kann allen diesen Packungen
hinzugefügt werden, um die Durchblutung der betrof-

fenen Stelle zu fördern, was zugleich ein schnelleres Einwirken der anderen pflanzlichen Wirkstoffe fördert. Ein reines Ingwer-Pflaster, bestehend aus geriebenem Ingwer, vermischt mit eingeweichtem Brot oder Tofu in einer Mullkompresse, kann auf schmerzende oder entzündete Hautpartien aufgebracht werden, um die Selbstheilung zu unterstützen. Es dient der Durchblutung von arthritischen oder rheumatischen Körperstellen. Bewährt hat sich eine Mischung aus zwei Teilen getrocknetem Ingwer auf einem Teil Cayennepfeffer mit einem halben Teil Lobelia.

Tee gegen Krampfzustände

Getrocknete Schneeballrinde ist Michael Tierra zufolge in einer Mischung aus zwei Teilen Schneeballrinde und einem Teil Ingwer, als Tee zubereitet, wirksam gegen Krämpfe und spastische Zustände, alternativ auch als Mischung aus Ingwer und Kamille zu gleichen Teilen. Empfehlenswert auch als Kompresse zur äußerlichen Anwendung.

Abführmittel

Senna, Faulbaumrinde oder Rhabarberwurzel haben häufig zu durchschlagende Wirkung, so daß sie Bauchschmerzen oder Krämpfe verursachen und außerdem die Verdauung selbst beeinträchtigen können. Wenn Sie also auf derartige Mittel zurückgreifen müssen, empfehle ich, fünfzig Prozent Ingwer hinzuzufügen, um die Verdauungsorgane zu schützen. Bei quellenden Mitteln wie Leinsamen ist diese Maßnahme überflüssig. Auch andere aromatische Karminativa, wie Fenchel oder Anis, können helfen.

137

Chinesische Erwärmungsformel

Der Ingwer als chinesischer Erwärmer ist wegen des individuellen Charakters der Arzneimittel in der chinesischen Medizin nur schwer auf eine allgemeingültige Formel zu bringen. Sie sollten sich deshalb nach einem Arzt oder Heilpraktiker mit entsprechender Erfahrung umsehen, der eine individuelle Mischung zusammenstellen kann.

Ingwer-Tee gegen Fieber und Erkältungen

Frischer Ingwer-Tee ist ein klassisches Hausmittel, um das Schwitzen zu unterstützen und zu niedrigem Fieber zum Durchbruch zu verhelfen (vgl. Kapitel 4).
Reiben Sie etwa ein Gramm frischen Ingwer (von der Größe eines halben Zuckerwürfels) in eine Tasse, fügen Sie den Saft einer halben Zitrone hinzu, gießen Sie die Mischung mit heißem Wasser auf und süßen mit Honig nach Belieben.

Ingwer-Miso-Genesungs-Suppe

Eignet sich gut in Zeiten der Rekonvaleszenz, aber auch als bewährte Krankenkost: Verrühren Sie einen Teelöffel Miso in einer Tasse heißem Wasser, besser noch: Gemüsebrühe. Dazu ein Spritzer Shoyu-Soße, gehackte Frühlingszwiebeln oder Schnittlauch und etwa zwei Gramm geriebenen Ingwer.

Trikatu

Dies ist ein klassisches Rezept der Ayurveda für das Verdauungssystem. Es wird bei Übelkeit, Magenverstimmung, Appetitlosigkeit, Koliken, Candida-Infektionen, Husten und Erkältungen, Durchblutungsstörungen und zur Blutreinigung eingesetzt. Allerdings nützt es mehr den Kapha- und Vata-Typen bei den entsprechenden Erkrankungen als dem Pitta-Typ.

Ingwer, schwarzer Pfeffer und ein weiterer, länglicher Pfeffertyp (Piper longum) werden entweder als Pulver vermischt oder mit Honig zu Pillen verarbeitet. Man nimmt davon ein bis drei Gramm zwei- oder dreimal täglich. Das Rezept kann für den europäischen Bedarf abgewandelt werden, indem man den langen Pfeffer durch Anis ersetzt, wodurch die Arznei außerdem milder und damit auch für Kinder geeignet wird. Nach Belieben können auch Koriander, Muskatnuß oder Selleriesamen beigefügt werden, um den Geschmack und die Wirkung abzurunden.

Yogi-Tee

In Indien ist er ein allgemein bekanntes Mittel, um Körper und Geist zu wärmen und zu stärken, auch zu beruhigen und zu reinigen und die Verdauung zu verbessern. Er wird von der Bergbevölkerung geschätzt, wenn es darum geht, Wärme zu speichern und den Geist zu beleben.

2 Teelöffel frisch geriebener Ingwer
4 ganze Kardamomschoten
8 Gewürznelken
1 Zimtstange
8 Tassen Wasser

werden zusammen aufgekocht; danach köcheln lassen, bis die Hälfte der Flüssigkeit verdampft ist. Eine halbe Tasse Milch und etwas Honig hinzugeben.

Ayurvedischer Erkältungstee

Er wird gegen die verschiedenen Formen von Erkältung sowie Katarrh, Verdauungsträgheit, beginnende Grippe oder andere Viruserkrankungen gegeben. Er unterstützt das Immunsystem und erhält die Körperwärme.

1 Stück Ingwer (3 cm), gerieben
1 Stück Süßholz (3 cm), geschnitten
5 Pfefferkörner
einige Blätter Tulsi (indische Sorte Basilikum, das auch durch süßen Basilikum ersetzt werden kann)
2 Tassen Wasser
zusammen kochen lassen, bis die Hälfte der Flüssigkeit verdampft ist.

Apothekers Abführmittel

Viele Apotheker stellen selbst ein Abführmittel her, das Rhabarberwurzel, Pfefferminze, Ingwer und Enzian enthält und eine gute Breitenwirkung hat, weil es die abführende Eigenschaft der Rhabarberwurzel mit Ingwer kombiniert, der verdauungsanregend und gegen Übelkeit wirkt, während Pfefferminze krampflösend und Enzian appetitanregend und leberstärkend ist. Das Rezept stammt von der englischen pharmazeutischen Union, London, und wurde 1966 in Martindale's Arzneimittelbuch veröffentlicht:

»Starke Ingwer-Tinktur« (selbstzubereitet aus 50 Gramm getrocknetem Ingwer in 100 ml Alkohol): 0,15 ml
Natriumkarbonat: 0,5 Gramm
Pfefferminzöl: 0,03 ml
Rhabarberwurzelaufguß, konzentriert: 0,6 ml
Enzianaufguß, konzentriert: 0,5 ml

Mit gereinigtem Wasser auf 15 ml auffüllen.
Dies ist das Rezept für eine Einzeldosis, die meistens
ausreicht.

Wie sicher ist Ingwer in der Anwendung?

Wir können getrost davon ausgehen, daß Ingwer ein ri-
sikofreies Mittel ist, schließlich ist er ein Lebensmittel
und wird überall in der Welt zu Frühstück, Mittag- und
Abendessen genossen. Ingwer steht im Gewürzregal
des Supermarktes – ohne Warnungen des Gesundheits-
ministers auf dem Etikett – neben anderen Dingen, die
diese Warnung vielleicht eher verdient hätten. Trotzdem ist es gut, dieser Frage wissenschaftlich nachzuge-
hen.

Medizinische Untersuchungen haben ergeben, daß
Ingwer tatsächlich ein sicheres Arzneimittel ist. Im
Tierversuch bekamen Versuchstiere eine **Die medizinische**
tägliche Dosis, die auf den Menschen **Anwendung des**
umgerechnet 3,5 kg ergäbe, ohne daß be- **Ingwers zeigt keine**
sondere Nebenwirkungen aufgetreten **Nebenwirkungen**
wären. Wenn man Versuchstieren reines Gingerol oder
Shogaol verabreicht, können sie 250 Milligramm pro
kg Lebendgewicht vertragen, was für den Menschen
etwa 2 kg entspräche.

Ausführliche Literaturstudien in den Fachbüchern und
Zeitschriften der Welt haben keine Berichte über Nebenwirkungen von Ingwer finden lassen, weder als Lebensmittel noch als Arznei konsumiert, und auch in
den Arzneimittelhandbüchern, in denen Ingwer aufge-
führt wird, fehlen derartige Hinweise. Statt dessen wird
Ingwer von der »US Food and Drug Administration« in

141

die Gruppe der sichersten Kräuter und Gewürze einge-
ordnet, was bedeutet, daß er überall frei verkauft werden darf.

Wir wissen also, daß Ingwer ein völlig unbedenkliches
Mittel ist. Trotzdem müssen wir uns vor Augen führen,
daß jedes Lebensmittel, in übertriebenen Mengen von
Personen konsumiert, zu deren Konstitution es nicht
paßt, unerwünschte Wirkungen haben kann. Möhren
sind ganz bestimmt gesund und unbedenklich, aber
wenn jemand zu viel Möhrensaft trinkt, besonders
wenn sie oder er unter Leberproblemen leidet, kann
das eine Überdosis Vitamin A zur Folge haben. Ingwer
kann negative Auswirkungen haben, wenn er zum Beispiel bei hohem Fieber gegeben wird. Desgleichen muß
bei anderen Zuständen übermäßiger Hitze von Ingwer
abgeraten werden. Symptome dieser Art sind trockene
Haut und Schleimhäute bei schnellem Puls, roter Haut,
deutlich geröteter Zunge, Austrocknung (Dehydration)
oder Blut im Stuhl. Ingwer wird dabei vielleicht nicht
unbedingt wie ein Gift wirken, aber er könnte die Symptome der Überhitzung noch verstärken.

Zusammenfassung

Wenn Sie die Heilkraft des Ingwers nutzen wollen, sollten Sie möglichst nicht auf das Pulver aus dem Supermarkt zurückgreifen. Fragen Sie Ihren Gemüsehändler nach frischem Ingwer oder suchen Sie Asien-Läden auf, in denen er in ganzen »Händen« verkauft wird. Eine andere Möglichkeit bieten Reformhäuser, wo er in Tablettenform erhältlich ist. Hier garantieren namhafte Hersteller einen hohen Gehalt an medizinisch relevanten Bestandteilen, vor allem Gingerol.

Die verschiedensten Arzneien können aus Ingwer selbst hergestellt werden: Ob in Form von Öl, Bädern, Packungen, Tees oder Kompressen, stets können Sie davon ausgehen, daß die Anwendung keine gefährlichen oder unangenehmen Nebenwirkungen zeigen wird.

9. Ingwer für Gerichte mit Pfiff

Ingwer ist das Symbol der Vereinigung von Gewürz-regal und Medizinschränkchen. Das ist der Anfang einer Bewegung der Medizin zurück in den Alltag, wie er von ganzheitlichen Ansätzen angestrebt wird, damit zum Beispiel die Heilung einer Gesundheitsstörung durch Kräutertees zu einem ebenso normalen Vorgang wird, wie klares Wasser trinken, wenn man Durst hat. Diese Betrachtungsweise hebt den scheinbaren Widerspruch auf, der entsteht, wenn wir mit Heilkräutern kochen oder Kochrezepte zum Bestandteil eines medizinischen Ratgebers werden. Aus diesem Grund werden wir in diesem Kapitel sehen, wie wir unser Wissen über die günstigen Eigenschaften des Ingwers in die tägliche Küchenpraxis einfließen lassen können. Natürlich will ich deshalb kein komplettes Kochbuch verfassen – die Rezepte sind keine Menüvorschläge, sondern Kostproben. Wie ich schon im ersten Kapitel betont habe, reichen die Ingwermengen in diesen Kochrezepten nicht aus, um Krankheiten zu kurieren. Dafür bringen sie eine ganze Reihe sanfter und langfristiger Gesundheitsverbesserungen mit sich, zum Beispiel, den Körper zu wärmen, Toxine auszuschwemmen, die Verdauung und Ausscheidung zu verbessern, die Aufnahme der Vitalstoffe zu fördern, die Speisen vor schnellem Verderben und Ranzigwerden zu schützen, gegen Arteriosklerose vorzubeugen und dergleichen mehr. Mit anderen Worten: Wenn wir Knoblauch, Ingwer, Anis, Leinsamen, Bockshornklee, Senfsamen, Zimt, Kümmel oder Thymian und Minze, die allesamt auch Heilkräuter sind, in unseren Speisezettel aufnehmen, dann eher mit dem Ziel, Gesundheitsstörungen vorzubeugen als zu heilen.

Fleischgerichte

Ingwer ist in ganz Asien schon immer eine weitverbreitete Zutat für Fleischgerichte gewesen, weil er die Vorverdauung und die Aufnahme der Aminosäuren fördert. Gegenwärtig wäre es schon wegen der schlechten Fleischqualität von mit Antibiotika und Pestiziden überfütterten, hochgezüchteten Tieren, die am Fließband geschlachtet werden, noch wichtiger, dieses segensreiche Gewürz zu verwenden. Ich selbst bin schon seit vielen Jahren Vegetarier, weshalb ich nicht behaupten kann, über große Erfahrung mit Fleisch in der Küche zu verfügen, aber immerhin weiß ich – besonders durch meinen zweijährigen Aufenthalt in Indien – genug über die Verwendung von Gewürzen, um ein oder zwei Empfehlungen geben zu können.

Allen Arten von Steaks gereicht es zum Vorteil, wenn man sie vor und während des Bratens mit frischem Ingwer einreibt. Für Huhn gilt das gleiche. Zum Beispiel kann man ein Hähnchen vor dem Braten mit einer Mischung aus einem 5 cm langen, geriebenen Stück Ingwer, zwei Knoblauchzehen und Salz einreiben.

Typisch chinesisches Ingwer-Geschnetzeltes wird so bereitet:

1 kg Rump- oder Lendensteak
30 g Sesamöl oder anderes Bratöl
2 Zwiebeln und 2 Knoblauchzehen
1 Stück frischer Ingwer, 5 cm
Salz, Pfeffer, Sojasoße

Zwiebeln und Knoblauch feinschneiden und anbraten, bis sie goldbraun sind, feingeschnittenen Ingwer hinzugeben, kurz köcheln lassen. Dann das in feine Scheibchen geschnittene Fleisch und etwas Sojasoße beigeben, dazu Pfeffer, Salz und etwas Wasser. Auf kleiner Flamme zugedeckt köcheln lassen, bis das Fleisch gar ist.
Chinesisches Huhn »Chow Mein« ist ein Gericht, dessen Zubereitung ebenfalls Ingwer verlangt.

200 g Nudeln	2 Knoblauchzehen
200 g Hühnerfleisch	1 fingerlanges Ingwerstück
200 g Weißkohl	2 TL Shoyu-Soße
2 Eier	1 TL Chilisoße
Hühnerbrühe	2 TL Tomatenmark
60 g Pilze	2 TL Essig
2 Stangen Lauch	1 Tasse Öl

Die Nudeln weichkochen, abspülen, abtropfen lassen. Hühnerfleisch in der Brühe kochen und kleinhacken. Gehackten Knoblauch, Lauch, Kohl, Pilze, geschnittenen Ingwer und Hühnerfleisch anbraten, dann die Hühnerbrühe und die Soßen hinzugeben. Die Nudeln anbraten, die Mischung aus Gemüse und Fleisch hinzufügen und mit Spiegelei garniert servieren.

Fischgerichte

Für ein einfaches Ingwer-Fischgericht im chinesischen Stil wird der Fisch in einer Soße aus 2 Eßlöffeln Sherry, gehackten Frühlingszwiebeln, einem halben Teelöffel getrocknetem Ingwer und Salz mariniert. Anschließend kann der Fisch gebraten und mit grob gemahlenem Pfeffer und Zitrone beträufelt serviert werden.
Eine kräftigere Ingwer-Soße entsteht aus einem Eßlöffel Shoyu-Soße, einem Teelöffel Sesamöl, einem Teelöffel getrocknetem, besser frisch gehacktem Ingwer. Sie wird vor dem Servieren über den gekochten Fisch gegeben und mit Frühlingszwiebeln garniert.

Vegetarische Gerichte

Indische Gerichte enthalten Ingwer häufig in Kombination mit anderen Gewürzen, was zusammen *Masala* (Gewürzmischung) genannt wird. In einigen Gebieten, besonders den kühleren, herrscht der Ingwer in diesen Mischungen vor. Häufig kann in indischen Gerichten Fleisch durch Gemüse ersetzt werden, das entsprechend zubereitet, aber gleich gewürzt wird.
Probieren Sie einmal Reis, dem Sie gleich nach dem Kochen getrockneten Ingwer hinzugefügt haben. Sowohl Ingwer wie auch Kardamom verleihen einfachem Reis eine aromatische Note. Auch durch eine Zimtstange, Nüsse und Rosinen, ein oder zwei Lorbeerblätter, gleich zu Beginn dem kalten Wasser beigefügt, erhält der Reis einen besonderen Pfiff. Wenn Sie vor dem Servieren noch etwas (frischen) Ingwer darüberstreuen,

haben Sie zusammen mit einem Gemüse schon eine vollwertige Mahlzeit auf den Tisch gebracht.

Eines meiner Lieblingsgerichte ist *channa masala* aus Kichererbsen:

250 g getrocknete	1 TL Koriander
Kichererbsen	2 TL Garam Masala
1 EL Mangopulver	5-cm-Stück Ingwer
1 TL Kuminpulver	Pflanzenöl
1 TL Chilipulver	Salz
rote oder grüne Pfefferschoten	

Die Kichererbsen über Nacht einweichen und kochen. Abgießen und den Kochsud bewahren. Die Gewürze mit dem Salz mischen, durch die gekochten Kichererbsen rühren und mit Garam Masala bestreuen. Den Ingwer reiben, die Pfefferschoten feinschneiden, beides hinzufügen. Öl oder, wenn man bekommt, Ghee (Butterschmalz) erhitzen und über die gewürzten Kichererbsen geben. Ungefähr zehn Minuten lang köcheln lassen und dabei einige Teelöffel des Kochsuds zufügen.

Ingwer schmeckt besonders gut auch mit einzelnen Gemüsen, die in Butter oder Ghee gedünstet werden. Zum Beispiel Blumenkohlröschen in geschmolzener Butter mit in dünne Scheibchen geschnittenem Ingwer gedünstet, dazu Salz. Bedecken und auf kleiner Flamme gar werden lassen. Mit grob gemahlenem Pfeffer bestreut servieren.

Kartoffeln und Erbsen (*Matar Aloo*) sind die Grundlage einfacher Currys im nördlichen Indien:

100 g frische Erbsen	1 Stück Ingwer (2–3 cm)
ohne Schote	1 kleine Zwiebel
200 g gewürfelte	1/2 TL Koriander
Kartoffeln	1/2 TL Chilipulver
125 g Yoghurt	1/3 TL Kurkuma
Öl oder Ghee	
Salz	
1/2 TL gemahlenes Kumin	

Öl oder Ghee erhitzen, kleingeschnittenen Ingwer und Zwiebeln hinzugeben, Yoghurt (ersatzweise Tomatenpüree) unterrühren und unter Rühren köcheln lassen, bis sich das Fett oben absetzt. Dann Erbsen, Kartoffeln, gemahlene Gewürze und Salz beifügen und zwei Minuten lang gut unterrühren, Wasser zugeben und bedeckt kochen lassen, bis die Kartoffeln gar sind. Mit Korianderblättern (Basilikum) garnieren. Ein beliebtes indisches Gericht, *Matar Panier* (Erbsen mit Käse), wird auf die gleiche Art zubereitet, bloß daß man statt der Kartoffeln 200 g indischen Käse (ersatzweise Tofu) zugibt.

Einige Gemüsesorten können mit Ingwer gekocht, gesüßt oder glasiert werden. Zum Beispiel indische Süßkartoffeln:

4 Süßkartoffeln
2 EL Butter
2 EL Honig
knapp 1 TL gemahlener Ingwer
Salz und Pfeffer
1/2 Tasse Orangensaft

Die Süßkartoffeln schälen, in Scheiben schneiden, kochen. In eine gebutterte Form legen, jede Lage mit Salz und Pfeffer bestreuen und einige Butterflöckchen darauf verteilen. Die restlichen Zutaten vermischen und über die Kartoffeln geben, im Ofen 20 bis 30 Minuten backen. Eine Variation mit Möhren ist möglich, aber vielleicht zu süß, so daß der Orangensaft zur Hälfte durch Zitronensaft ersetzt werden kann.

Naschereien mit Ingwer

Ingwer paßt genauso wie Zimt gut zu im Ofen gebackenen Früchten (zum Beispiel Bratäpfel) und allen möglichen anderen Arten Süßspeisen. Er rundet den Geschmack ab und fügt ihnen einen leicht scharfen Pfiff hinzu. Stem Ginger, also saftiger, in Zuckersirup konservierter Ingwer, wurde schon immer für Desserts verwendet, aber er hat durch die Zubereitung den Großteil seiner Schärfe verloren, auch wenn er immer noch aromatisch schmeckt.
Grapefruit bekommt eine exquisite Ergänzung durch Honig oder braunen Zucker mit Ingwer. Die gleiche Mischung eignet sich mit einigen Spritzern Zitrone auch für Melone.

Ingwer-Eis hat einen ausgesuchten Geschmack, der immer Liebhaber findet. Hier eine betont nach Ingwer schmeckende Sorte:

1 TL gemahlener Ingwer
150 ml Ingwersirup
75 g eingelegter Ingwer

275 ml süße Sahne
150 ml geschlagene Eiercreme
50 g feiner Kristallzucker

Den eingelegten Ingwer feinhacken und mit dem gemahlenen vermischen. Die Sahne halbsteif schlagen,
die anderen Zutaten unterheben, die Masse erst kühlen, dann gefrieren lassen.

Für Ingwermarmelade preßt man den Saft von fünf
Orangen aus und schneidet die (ungespritzte) Schale in
feine Streifen. Zusammen für mindestens eine Stunde
köcheln lassen. Fünf Kochäpfel schälen, entkernen,
zerkleinern, köcheln lassen. Die Äpfel den Orangen
hinzufügen, 3 kg Zucker unterrühren, bis er ganz aufgelöst ist. Dazu 200 g eingelegten Ingwer, feingeschnit-
ten, und 3 Teelöffel gemahlenen Ingwer unterrühren.
Aufkochen, bis die Masse zu gelieren beginnt (Sie können das ausprobieren, indem Sie einen Tropfen auf
eine mit Wasser abgespülte Untertasse geben – wenn
sich eine Haut bildet und fest wird, ist die Marmelade
fertig) und in vorbereitete Gläser füllen.
Noch einfacher ist es, die Marmelade nur aus Ingwer
und Äpfeln zu kochen, weil die Äpfel mehr Pektin enthalten und leicht gelieren. Dazu lösen Sie 2 kg Zucker
in 2 Liter kochendem Wasser auf, bis ein Sirup entsteht, dem Sie 2 kg geschälte, entkernte, geschnittene
Äpfel und 50 g frischen, geriebenen Ingwer beifügen.
Köcheln lassen, bis sich die Masse klärt und geliert, abfüllen, fertig. Auch andere Früchte eigenen sich für
eine Marmelade mit Pfiff. Versuchen Sie es mit Birnen,
Stachelbeeren, Rhabarber und Pfirsichen.

Ingwer-Kürbis-Kuchen

Eines Tages im Jahr 1975 stand ich an einer Kreuzung in Nepal, den Rucksack auf dem Rücken, Landkarten in der Tasche, Wanderschuhe an den Füßen, bereit zum Aufbruch in die Berge. Die Frage war nur, rechts oder links? Der Weg rechts führte nach Pokhara, der links an die chinesische Grenze. Ich hatte die Qual der Wahl. Wie ich dastand und überlegte, tauchte ein lebhafter amerikanischer Entwicklungshelfer mit kindlichem Gesicht auf, und wir sprachen miteinander. Ich unterbreitete ihm mein Problem, und ohne Zögern empfahl er mir die Route entlang der chinesischen Grenze.

»Es gibt da oben in der Nähe von Dhulikel einen Ort, den Sie unbedingt besuchen müssen«, sagte er voller Überzeugung. Ich erwartete eine längere Ausführung über die Freundlichkeit der dortigen Bevölkerung oder die Schönheit der Berge, aber statt dessen fuhr er fort: »Es gibt da eine Kreuzung mit einem Teehaus, wo Sie den besten Kürbiskuchen auf dieser Seite des Atlantiks bekommen.« Tatsächlich kam ich in den Genuß dieses sagenhaften Kürbiskuchens, und ich glaube, der frische Ingwer aus den Bergen war es, dem er seinen unvergleichlichen Geschmack verdankte. Das folgende Rezept kommt dem nahe:

Sieben Sie 2 1/2 Tassen Weizenmehl, das Sie mit 1 Teelöffel Backpulver, 1 Teelöffel Natriumbikarbonat, 1 Teelöffel Salz, 3/4 Teelöffel Zimt, 50 g gemahlenen Ingwer, 1/4 Teelöffel gemahlene Gewürznelken und 1 Tasse Zucker vermischen. Dazu 1 Tasse braunen Zucker, 100 g Butter oder Pflanzenmargarine, 1/2 Tasse Buttermilch, 1 1/2 Tassen gekochten Kürbis. Kurz durchrühren, dann drei Eier hinzugeben und noch einmal rühren. Den Teig in zwei gefettete, mit Semmelbröseln bestreute Backformen füllen und im vorgeheizten Ofen bei 180° etwa 45 Minuten backen.

Heute, also siebzehn Jahre später, finde ich diesen Kuchen zu schwer, deshalb gebe ich Ihnen hier meine Abwandlung:
Kneten Sie aus Vollkornmehl, Salz und Wasser einen Teig, der für Rand und Boden Ihrer Springform ausreicht. Ausrollen, in die Form drücken, vorbacken. Währenddessen 2 Tassen Kürbis kochen und pürieren, Honig nach Belieben zufügen, 2 Teelöffel Tahin (Sesammus), 1/2 Teelöffel Zimt, 1/2 Teelöffel gemahlenen oder 3 cm frischen, geriebenen Ingwer, 1/4 Teelöffel Nelken, dazu nach Geschmack Nüsse und Rosinen, die Masse verrühren und in den vorgebackenen Teig füllen. Mit Rosinen und Nüssen verzieren und bei leichter Hitze etwa 30 Minuten backen.

Beliebt bei Familie und Freundeskreis ist auch Kürbisbrot. Dazu bereitet man einen flüssigen Teig aus Vollkornmehl, Salz und Wasser, in den man 1 1/2 Tassen gekochten, pürierten Kürbis und ein geschlagenes Ei rührt. Dann fügt man frisch geriebenen Ingwer, Zimt und je eine Prise Muskat und gemahlene Nelken hinzu, anschließend Rosinen und gehackte Nüsse. Rühren Sie den Teig und fügen ihm notfalls noch etwas Mehl hinzu, damit er schwer reißend vom Löffel fällt. In eine Springform füllen und bei 200° im vorgeheizten Ofen 45 Minuten backen.

Ingwerkuchenmänner

Hier endlich das Rezept für einen gesunden vollwertigen Ingwerkuchenmann:

Mischen Sie 1/2 Tasse Öl oder geschmolzene Butter mit 1/2 Tasse Honig und 1/2 Tasse Wasser und rühren soviel Vollkornmehl unter, daß ein dickflüssiger Teig entsteht. Dazu 1 TL Salz, 1 1/2 TL gemahlenen Ingwer, je 1/2 TL Nelken, Zimt und Piment. Dann wird soviel Mehl untergerührt, bis ein steifer Teig entstanden ist, der kühlgestellt wird. Dick ausrollen und mit einem nassen Messer oder Rädchen Männer ausschneiden und mit Korinthen, Rosinen, Nüssen nach Lust und Laune verzieren. 15 Minuten im mäßig heißen Ofen backen.

Traditionelleren Ingwerkuchen backt man so:

100 g Butter	jeweils 1/4 TL Salz, Zimt,
75 g brauner Zucker	Piment und Nelken
1 TL Orangenmarmelade	225 g Honig
	1/2 TL Ingwerpulver
150 ml Milch	2 gut geschlagene Eier
200 g Vollkornmehl	
1 TL Backpulver	

In einem Topf Butter, Zucker, Marmelade, Honig und Milch erwärmen und durchrühren, die geschlagenen Eier unterrühren. Mehl, Gewürze, Salz, Backpulver zusammensieben, nach und nach die flüssigen Zutaten hinzugeben. Mischen, bis ein weicher Teig entstanden ist, der, in eine Springform gefüllt, etwa eine Stunde lang bei mäßiger Hitze gebacken wird.

Ingwerplätzchen werden nach einem ähnlichen Rezept gebacken: Mischen Sie 400 g Zucker mit 300 g Honig. Schmelzen Sie 300 g Butter, der Sie unter ständigem Rühren 1 EL gemahlenen Ingwer sowie je 1 TL Zimt und Nelken und anschließend 300 ml Buttermilch sowie 1 kg Vollkornmehl (oder traditioneller: Sahne und Weißmehl) hinzufügen. Kräftig durchkneten und über Nacht an einen kühlen Ort stellen. Ausrollen und Plätzchen ausstechen oder zu Rollen formen und in Scheiben schneiden. Bei mittlerer Hitze 15 Minuten backen. Eine andere Variante wird nach dem gleichen Rezept, aber mit einem Ei und viel mehr Backpulver gebacken und ergibt leichtere, knusprige Kekse.

Biere und Weine

Ingwerbier, auch hier als Ginger-Ale bekannt, kann man als schlappe Limonade, in Dosen abgefüllt kaufen. Wenn Sie »richtiges« Ingwerbier mit dem »richtigen« Ingwergeschmack bevorzugen, empfehle ich das folgende Rezept:

500 g Zucker
2 große ungespritzte Zitronen
30 g gequetschten frischen Ingwer
1 TL getrocknete Bierhefe
5–10 g Weinstein
4 Liter kochendes Wasser

Lösen Sie Zucker und Weinstein im kochenden Wasser auf, und geben Sie den Ingwer hinzu. Wenn dieser Grundstoff abgekühlt ist, die Schale und den Saft der Zitrone und die Hefe zufügen. An einem warmen Ort gären lassen, dabei regelmäßig den Hefeschaum abschöpfen. In Flaschen zapfen oder filtrieren, die nicht fest verschlossen werden sollten. Frühestens nach einer Woche servieren.

Ingwerwein ist ein wunderbares Getränk für kalte Winterabende und außerdem ein gutes Digestivum. Sie brauchen:

60 g frischen Ingwer, kleingeschnitten und gequetscht
500 g Rosinen oder auch eine entsprechende Menge Trauben
1,5 kg Zucker
2 große Orangen und 2 große Zitronen
1/4 TL Cayennepfeffer

1 Beutel getrocknete Weinhefe und (falls erhältlich) Hefenahrung. Kochen Sie den Ingwer, die Schalen der Früchte und den Pfeffer in Wasser, lösen Sie darin den Zucker auf und fügen die gehackten Rosinen hinzu. Setzen Sie die Hefe in einem Krug mit etwas warmem Wasser und Zucker an und lassen sie ein bis zwei Stunden gehen. Wenn die obige Mischung abgekühlt ist, fügen Sie den Saft der Früchte, die angesetzte Hefe und die Hefenahrung hinzu. Nach einer Woche können Sie den Saft abseihen und die Rosinen auspressen. Lassen Sie den jungen Wein in einem Faß mit Gärverschluß, aus dem die Luft entweichen kann, weitergären, bis er ausgegoren ist, was ungefähr zwei Wochen dauert. Anschließend sollte der Wein noch stehen, damit sich

Trübungen auf dem Boden absetzen können, bevor er in Flaschen abgefüllt wird.

Punsch ist ein gewürztes, meist alkoholisches Getränk, das ohne Ingwer und das klare, würzige Aroma von Gewürznelken undenkbar ist. Grundstoff ist Rotwein (andernfalls Tee), gesüßt mit 100 g braunem Zucker je Liter, einem Schuß Rum, Apfel- und Orangensaft, einem großen Stück Ingwer, gequetscht, einem halben Dutzend Gewürznelken und ein oder zwei Zitronen. Diese Mischung wird einschließlich der Zitronenschale bis auf den Siedepunkt erhitzt. Der Zitronensaft wird erst vor dem Servieren beigefügt.

Chutneys und eingelegte Gemüse mit und aus Ingwer

Der beste eingelegte Ingwer, den ich je in meinem Leben genossen habe, war zugleich auch der einfachste. Hauchdünne Scheibchen frischen Ingwers, eingelegt in Apfelessig und zehn Tage lang zum Marinieren in die Sonne gestellt. Ein paar Scheiben dieser Spezialität wirken, mit den einfachsten Gerichten kombiniert, wie ein kleines Feuerwerk.

Ein traditioneller Ingwer-Chutney aus Indien wird aus den folgenden Zutaten bereitet:

400 g frischer Ingwer
300 g geschälte Knoblauchzehen
2 EL Senfsamen
2 TL Chilipulver

2 TL Salz
200 g brauner Zucker
250 g Essig
1 TL ungemahlener Kreuzkümmel

Ingwer und Knoblauch werden gehackt zerstoßen. Die Senfsamen werden in wenig Senf- oder Sesamöl leicht angebraten, dann werden alle anderen Zutaten hinzugefügt und auf kleiner Flamme gekocht, bis alles weich ist. Erst kalt abfüllen.

Wer je in Südindien gewesen ist, wird zu einem Liebhaber der frischen Kokos-Chutneys geworden sein. Ein einfaches Rezept verwendet Kokosraspel und feingehackten Ingwer im Verhältnis 4:1. Dazu werden gehackte Korianderblätter, grüne Chilischoten und etwas Salz gegeben. Diese Mischung wird mit Zitronen- oder Limonensaft oder Yoghurt befeuchtet, vermischt und kühl serviert.

Für ein erfrischendes Tomaten-Chutney braucht man:

500 g Tomaten
abgeriebene Schale einer Zitrone oder Limone
1 TL grobgemahlenen schwarzen Pfeffer
ein 5 cm langes Stück Ingwer, feingehackt und gequetscht
je 1/4 TL gehackte Basilikumblätter, Rosenpaprika und Kurkuma

Kochen oder grillen Sie die Tomaten und verrühren Sie sie dann mit allen anderen Zutaten.

Möhren sind eine ebenso leckere wie billige Grundlage

für eingelegtes Gemüse, wenn man ihnen mit Ingwer
Pfiff gibt:

1 kg Möhren	6 gequetschte Knoblauch-
2 TL ungemahlener	zehen
Kumin	2 EL grobgemahlener Senf-
2 TL gemahlener	samen
Ingwer	1 EL grobgemahlener Pfeffer
250 g gehackte grü-	
ne oder rote Paprika	
Essig	

Möhren nur kurz ankochen, in Scheiben schneiden,
mit Salz bestreuen und einen Tag stehenlassen. Dann
alle anderen Zutaten beifügen und mit Essig bedecken.
Einige Tage durchziehen lassen, bis die Möhren richtig
weich sind und den guten Geschmack aufgenommen
haben.

Was die Kochkünste angeht, wollen wir es hiermit be-
wenden lassen, in der Hoffnung, den Appetit der Leser
geweckt zu haben. Die Kochkunst steht der Alchimie,
der Bereitung von Arzneimitteln, eigentlich in nichts
nach. In ihr verbinden sich alle Eigenschaften und Elemente der Natur zu einem dem Menschen, besonders
seinem Magen, wohltuenden Ganzen. Und das scheint
auch der natürlichen Bestimmung des Ingwers zu entsprechen.

Zusammenfassung

Ingwer ist natürlich auch ein Gewürz, das Speisen und Getränken seinen einzigartig aromatischen Geschmack verleiht. Nebenbei bewirkt er auch hier, daß langfristig die Verdauung verbessert, die Aufnahme der Nährstoffe intensiviert und somit vielen Gesundheitsstörungen vorgebeugt wird.

Herzhafte Fleisch-, Fisch- und Geflügelgerichte erhalten eine exotisch-würzige Note. Auch köstliche Desserts wie Bratäpfel und Eis lassen sich mit Ingwer verfeinern. Dies gilt natürlich ebenso für Marmelade und Gebäck, zum Beispiel den in England beliebten Ingwerkuchenmännern. Selbstgemachtes Ingwerbier ist eine besonders köstliche Erfrischung, aber Sie können auch Ingwerwein und -punsch probieren. Schließlich sind selbsteingelegte Chutneys eine hervorragende Ergänzung zu den verschiedensten Gerichten.

10. Schlußbemerkung

Trotz der Ausführlichkeit, mit der wir uns im letzten Kapitel den Speisen und Getränken gewidmet haben, ist das Hauptziel dieses Buches, seinen Lesern den Ingwer in der Vielfalt seiner Möglichkeiten wieder nahe zu bringen. Dieses Jahrhundert hat den Ingwer zu einem Stiefkind werden lassen; unbeachtet steht er als trockenes Pulver im Küchenregal, das den Großteil seines geschmacklichen Reichtums schon eingebüßt hat, weil wir verlernt haben, seinen Wert zu schätzen. Vielleicht findet er in der Weihnachtsbäckerei Verwendung oder wir begegnen ihm gelegentlich in einem »Ginger-Ale«, aber wir würden staunen, wenn wir wüßten, daß in China und Indien Ärzte hochwissenschaftliche Abhandlungen über die Frage verfaßt haben, wie Ingwer zur Heilung von vielerlei – auch ernsten – Erkrankungen beitragen kann.

Nach der Lektüre werden wir wahrscheinlich feststellen, daß uns durch unser Unwissen etwas entgangen ist. Es gibt bereits einen unermeßlichen Erfahrungsschatz über die Anwendung von Ingwer bei Gesunden und Kranken bei allen erdenklichen Beschwerden, auf den wir zurückgreifen können. Angefangen mit Informationen über die Eigenschaften dieser Pflanze und ihre Verwendungsmöglichkeiten bei bestimmten Gesundheitsproblemen, über ihre chemische Zusammensetzung, ihre Zuordnung zu anderen Arzneimitteln sowohl von chemikalischen wie vom therapeutischen Standpunkt aus betrachtet sowie über die womöglich kausalen Zusammenhänge dieser Zuordnungen. Es geht weiter mit der Kunst zu wissen, in welcher Form die Pflanze jeweils angewendet werden muß, um ihre Kräfte entfalten zu können – ihre heilenden, kühlenden, belebenden, bewegenden, anregenden und anderen Eigenschaften und wie sie auf bestimmte Organsysteme und Teile des Körpers wirken. Und dann gibt es noch das tiefe Verständnis davon, welche unterschiedlichen Anwendungen für unterschiedliche Menschen geeignet sind, deren Krankheiten sich in verschiedenen Beschwerden ausdrücken. Schließlich gibt es auch noch das alte Wissen, daß bestimmte Pflanzen ihre Heilwirkung am besten in Kombination und gegenseitiger Ergänzung mit anderen Heilpflanzen entfalten können. Alles das betrifft den Ingwer. Wenn man sich schließlich vor Augen führt, daß es Tausende anderer pflanzlicher und mineralischer Arzneimittel gibt, über die wir noch kaum etwas wissen! Ich hoffe, daß die Leser nach der Lektüre dieses Buches Ingwer und andere Kräuter nicht länger als uninteressante Küchengewürze abtun können, die einzig dazu dienen, gelegentlich eine Mahlzeit aufzupeppen.

Der Umfang dessen, was wir darüber in Erfahrung bringen können, ist immens. Kein Wunder, daß von chinesischen Heilkundigen erwartet wurde, daß sie ein halbes Jahrhundert lang studierten, bevor sie sich Meister nennen durften. Das mag Ihnen schrecklich entmutigend vorkommen – wer sollte all dieses Wissen er-

Chinesische Heilkundler brauchen 50 Jahre, um Meister zu werden

fassen können? Muß man denn wirklich fünfzig Jahre lang lernen, bevor man es wagen kann, eine Erkältung zu behandeln?

Heutzutage gibt es tatsächlich wenige, die sich in diesem vollen Wortsinn Meister nennen dürften. Dafür werden heute einzelne Aspekte aus diesem Wissensschatz von Forschern und erfahrenen Kräuterheilkundigen einem zunehmend interessierten Publikum zugänglich gemacht, weil es unter medizinischen Laien ein wachsendes Interesse gibt, einfache, nützliche, zuverlässige Heilmittel kennenzulernen, die sich als Erste-Hilfe-Mittel gegen alltägliche Erkrankungen bewährt haben. Mit anderen Worten: Es gibt inzwischen ein breites Mittelfeld zwischen den hochspezialisierten Pflanzenheilkundlern und denen, die sich kaum vorstellen können, daß ein komplettes Buch über eine einzige Pflanze wie Ingwer überhaupt geschrieben und gelesen werden kann. Auf der Basis dieser Informationen über den Ingwer werden vielleicht einige den Versuch wagen, und wir hoffen, daß der so gewonnene Erfahrungsschatz gleichzeitig zur Verbreitung eines schon fast verschütteten Wissens beitragen kann, das nach und nach auch schriftlich festgehalten werden wird.

Die eigene Praxis

Wer ein ganzes Buch über Ingwer gelesen hat, wird ihn hoffentlich nicht mehr als eine weitere Modeerscheinung auf dem Rummel des Gesundheitsmarktes abtun können. Aber vielleicht wird man seine Anwendung als Privileg jener merkwürdigen Leute betrachten, die sich die Zeit nehmen können, um Sachen wie Ingwer-Kompressen auszuprobieren. Oder aber man ringt sich dazu durch, Ingwer bei Gelegenheit gegen einen verdorbenen Magen oder eine winterliche Erkältung anzuwenden; oder man geht aufs Ganze und betrachtet ihn als neue Entdeckung, die im Rahmen ganzheitlicher Orientierung eine neue Dimension der Selbstbehandlung eröffnet.

Wenn Ihnen das zu weit hergeholt erscheint, dann möchte ich an dieser Stelle noch einmal die wichtigsten Anwendungen des Ingwers rekapitulieren: Am bekanntesten ist seine Verwendung gegen Übelkeit, Erbrechen und andere Formen der Magenverstimmung, wie wir sie alle von Zeit zu Zeit durchmachen. Ebenso erwähnenswert ist die Wirksamkeit gegen andere Verdauungsstörungen. Außerdem fördert Ingwer eine gesunde Durchblutung und verfügt über die Fähigkeit, in einem »abgekühlten«, gestauten System die Lebensgeister zu wecken und den Körper mit Wärme zu durchströmen. Er regt die Herztätigkeit an und verbessert die Fließfähigkeit des Blutes. Er wirkt unterstützend bei der Behandlung chronischer Infekte mit mäßigem Fieber. Er durchwärmt Brust und Lunge und hilft so gegen Husten, Bronchialkatarrh und Erkältungen. Er unterstützt den Abbau von Toxinen, indem er die Stoffwechseltätigkeit anregt, und er kann gegen rheumatische und Menstruationsbeschwerden eingesetzt werden. Außerdem unterstützt er die Aufnahme der für den Körper wertvollen Substanzen aus Nahrung und Medizin.

Die Kraft des Ingwers geht einher mit seinem kulinarischen Wert. Nicht nur daß er Speisen und Getränken einen vitalen Kick verleiht, er unterstützt auch ihre Verdauung und Verwertung und wirkt außerdem als Anti-Oxidations-Mittel. Er reinigt den Körper von Toxinen, die sich womöglich in der Nahrung versteckt ha-

ben. Außerdem verhindert er, daß sich mit der Nahrung aufgenommenes Cholesterin im Körper ablagert.
Das ist für ein einziges medizinisch wirksames Gewürz
schon eine beachtliche Leistung. Aber denken Sie daran, daß sich in jeder durchschnittlichen Küche noch
andere medizinisch wirksame Lebensmittel finden lassen, die ebenfalls eine ganze Reihe von Anwendungsmöglichkeiten mitbringen. Knoblauch, Zwiebel, Kurkuma, Cayennepfeffer, Minze und Bockshornkleesamen sind nur einige Beispiele. Allesamt sind sie wie
»Küchenfenster« – wenn man einen Blick auf ihre Eigenschaften und Anwendungen riskiert, eröffnen sie
eine Welt voll interessanter, vitaler Möglichkeiten.
Je vertrauter sie uns werden, je mehr wir über sie erfahren, desto tiefer dringen wir in diese faszinierende Welt
alltäglicher Nahrungsmittel ein. Gleichzeitig lernen
wir, was wir selbst für unsere Gesundheit und unser
Wohlbefinden tun können. Wir können uns selbst und
unseren Speisezettel zum Gegenstand **Mit Kräutern und**
»alchimistischer« Experimente machen **Gewürzen können**
und so am eigenen Leib erfahren, welche **wir selbst etwas für**
Kräuter und Gewürze uns zu welchen Ge- **unsere Gesundheit**
legenheiten von Nutzen sind. Zusätzlich **tun**
zu diesem Nützlichkeitsaspekt eröffnet sich mit neuen
Lebensmitteln, Pflanzen und Kräutern ein ganzer Rei-
gen von Geschmacksrichtungen und appetitlichen Ge-
rüchen in unserer täglichen Küchenpraxis. Aus diesen
Möglichkeiten können wir in eigener Regie auswählen,
was uns schmeckt und bekommt *und* was uns zu
Lebensfreude und Gesundheit verhilft.
Vielleicht ist dazu eine nähere Erklärung angebracht:
Wenn Sie zu Ihrem Hausarzt gehen, zum Beispiel, weil
Sie an chronischer Bronchitis, Angina Pectoris oder
Bluthochdruck leiden, geben Sie sich damit in die Hän-

de eines Professionellen. Er wird eine Sprache und Techniken auf Sie anwenden, die mit Ihrem alltäglichen Leben nichts zu tun haben und Ihnen Medikamente verschreiben, deren Inhaltsstoffe Sie kaum aussprechen können. Sie werden zum Patienten, und Sie werden sich dementsprechend passiv verhalten. Sie verlieren die Kontrolle über einen der wichtigsten Aspekte Ihres eigenen Lebens, nämlich Ihre Gesundheit und Ihr Wohlbefinden, an einen anderen Menschen. Wenn Sie sich dagegen die Mühe machen, die Sorge für Ihre Gesundheit selbst in die Hand zu nehmen, indem Sie auf die Möglichkeiten der Natur zurückgreifen, werden Sie zu einer neuen Unabhängigkeit finden. Für die Küche gilt das gleiche. Was Sie essen, hat langfristig Auswirkungen auf Ihre Gesundheit – trotzdem überlassen viele Menschen diese Verantwortung der Lebensmittelindustrie, von der man nicht unbedingt behaupten kann, das Wohl der Konsumenten in den Mittelpunkt des Interesses zu stellen. Das Resultat ist ein künstliches, nährstoffarmes Essen, für das wir mit einer ganzen Reihe von Zivilisationskrankheiten bezahlen, von denen Allergien und Krebs nur die bekannteren Beispiele sind. Darüber hinaus verlieren wir aber die Kontrolle über einen vielfältigen Lebensbereich, und gleichzeitig wird unser Leben dadurch ärmer. Die wenigen Minuten, die es braucht, um zum Beispiel frischen Ingwer zu reiben und eine richtige, vollwertige Mahlzeit zu kochen, machen sich durch kulinarische Genüssen ebenso wie durch größere Lebensfreude bezahlt.

Also: Versuchen Sie es mal mit Ingwer. Legen Sie ihn in Ihr Gemüsefach, deponieren Sie ihn in Ihrer Hausapotheke. Verwenden Sie ihn zum Kochen, und erforschen Sie seinen Geschmack, genießen Sie seine Möglichkeiten, und dann – gehen Sie zum nächsten Kraut und zum nächsten Gewürz über und so weiter, bis Sie sich eine ganz neue Welt erschlossen haben.

Zusammenfassung

Ingwer ist Gewürz, also Lebensmittel, und Heilpflanze in einem. Seine medizinische Wirkung beruht vor allem auf seiner anregenden, stimulierenden Kraft, mit der er alle Körperfunktionen aktiviert.

Doch Ingwer ist nur ein Beispiel für die vielfältigen Anwendungsmöglichkeiten von Pflanzen, die bei uns häufig nur ein Schattendasein im Gewürzregal fristen. Dieses Buch soll eine Anregung sein, mehr Kräuter und Gewürze in ihrer medizinischen Verwendbarkeit kennenzulernen, Informationen über sie zu sammeln und mit ihnen zu experimentieren.

Wir sollten uns das Wissen fremder Kulturen und vergangener Epochen wieder erschließen, um soweit wie möglich, selbst und in eigener Verantwortung Wege zu unserer Gesundheit zu suchen.